मैं
कृष्ण
बोल
रहा
हूँ

मैं कृष्ण बोल रहा हूँ

सं. अनिल शर्मा

प्रभात पेपरबैक्स
www.prabhatbooks.com

प्रकाशक

प्रभात पेपरबैक्स

4/19 आसफ अली रोड, नई दिल्ली-110002

फोन : 23289555 • 23289666 • 23289777 ❖ फैक्स : 23253233

इ-मेल : prabhatbooks@gmail.com ❖ वेब ठिकाना : www.prabhatbooks.com

संस्करण

प्रथम, 2015

अ.मा.पु.स. 978-93-5186-460-8

मुद्रक

आर-टेक ऑफसेट प्रिंटर्स, दिल्ली

MAIN KRISHANA BOL RAHA HOON

Ed. Anil Sharma

Published by **PRABHAT PAPERBACKS**

4/19 Asaf Ali Road, New Delhi-110002

ISBN 978-93-5186-460-8

संपादकीय

भगवान् श्रीकृष्ण का पृथ्वीलोक पर अवतरण ऐसे समय में हुआ था, जब पृथ्वी पर अन्याय, अधर्म और अनीति का प्रसार हो रहा था। आसुरी शक्तियाँ प्रभावी हो रही थीं और संतों, ऋषि-मुनियों के साथ-साथ सामान्य जन-जीवन भी दूभर हो गया था; यहाँ तक कि स्वयं पृथ्वी भी बढ़ते अत्याचारों से त्राहि-त्राहि कर उठी थी।

पृथ्वीलोक की ये परिस्थितियाँ भगवान् श्रीहरि को अवतार लेने हेतु प्रेरित कर रही थीं। भगवान् श्रीकृष्ण पृथ्वी पर अवतरित होने का प्रयोजन प्रकट करते हुए श्रीमद्‍भागवत महापुराण में कहते हैं—

एतदर्थोऽवतारोऽयं भूभारहरणाय मे।
संरक्षणाय साधूनां कृतोऽन्येषां वधाय च॥
अन्योऽपि धर्मरक्षायै देहः संभ्रियते मया।
विरामायाप्यधर्मस्य काले प्रभवतः क्वचित्॥

[पृथ्वी पर अवतार लेने का मेरा यही प्रयोजन है कि मैं धरती का बोझ हलका कर दूँ, साधु-सज्जनों की रक्षा करूँ और दुष्ट-दुर्जनों का संहार करूँ। समय-समय पर धर्म की रक्षा के लिए और बढ़ते हुए अधर्म को रोकने के लिए मैं और भी अनेक शरीर ग्रहण करता हूँ।]

भगवान् श्रीकृष्ण ने अवतरित होकर न केवल दुष्ट राजाओं, राक्षसों और अधर्म का नाश किया, वरन् संतजनों, प्रिय भक्तों और सामान्य प्रजाजनों का उद्धार भी किया। महाभारत का युद्ध आरंभ होने से पूर्व अपने प्रिय भक्त

अर्जुन का मोह दूर करने के लिए भगवान् वासुदेव ने उन्हें मोह और आसक्ति त्यागकर कर्म करने का उपदेश दिया। उनका यह उपदेश 'श्रीमद्भगवद्गीता' के रूप में प्रस्फुटित हुआ। अर्जुन को निर्विकार भाव से कर्म में प्रवृत्त होने का उपदेश देते हुए भगवान् श्रीकृष्ण कहते हैं—

कर्मण्येवाधिकारस्ते मा फलेषु कदाचन।
मा कर्मफलहेतुर्भूर्मा ते संगङ्गोऽस्त्वकर्मणि॥
योगस्थ कुरु कर्माणि सगङं त्यक्त्वा धनञ्जय।
सिद्ध्यसिद्ध्योः समो भूत्वा समत्वं योग उत्यते॥

[कर्म करने में ही तुम्हारा अधिकार है, उसके फल में कदापि नहीं। अतः कर्म के फल की इच्छा नहीं करनी चाहिए और न ही कर्म करने में आसक्त होना चाहिए। आसक्ति को त्यागकर और सिद्धि एवं असिद्धि में समान बुद्धिवाला होकर योग में स्थित होते हुए कर्म करना चाहिए। समत्व ही योग कहलाता है।]

अर्जुन की भाँति ही भगवान् श्रीकृष्ण ने अपने प्रिय भक्तों उद्धव आदि को भी वैराग्य, भक्ति, कर्म, ज्ञान, लोक-परलोक और जीवन के सभी पक्षों का विशद ज्ञान प्रदान किया। भगवान् श्रीकृष्ण के द्वारा दिए गए ज्ञान का भंडार अथाह, असीमित और अनंत है, तथापि उस ज्ञान के महासागर में से अंजुलि भर ज्ञान के मोती यहाँ इस पुस्तक 'मैं कृष्ण बोल रहा हूँ' में मैंने प्रस्तुत करने का एक तुच्छ सा प्रयास किया है। आशा है कि प्रस्तुत पुस्तक जन-सामान्य के लिए अत्यंत उपयोगी एवं सार्थक सिद्ध होगी।

—एम.आई. राजस्वी

अनुक्रम

भगवान् श्रीकृष्ण का अवतरण

पृथ्वी पर चारों ओर अधर्म और अत्याचार का बोलबाला था। आसुरी शक्तियाँ अपनी चरम पराकाष्ठा पर थीं। साधु-संतों का जीवन दूभर हो गया था। असुरों के अत्याचारों से त्रस्त अधिष्ठात्री देवी भूमि शोक निवेदन करने हेतु ब्रह्माजी के समक्ष पहुँचीं। उन्होंने ब्रह्माजी के सम्मुख असुरों के अत्याचारों का अत्यंत भयप्रद वर्णन किया, जिसे सुनकर ब्रह्माजी शोकमग्न हो गए। चूँकि ब्रह्माजी के पास इस समस्या का कोई निवारण नहीं था, इसीलिए वे देवी भूमि के साथ क्षीर सागर पहुँचे, जहाँ भगवान् विष्णु लक्ष्मीजी के साथ शेष-शय्या पर विराजमान थे।

ब्रह्माजी और देवी भूमि ने असुरों के अत्याचारों का वर्णन भगवान् विष्णु को सुनाया और उनके अत्याचारों से मुक्ति हेतु समाधान की प्रार्थना की। भगवान् विष्णु ने उन्हें सांत्वना दी कि पाप का घड़ा शीघ्र ही भरने वाला है, जिसके बाद असुरों का सर्वनाश निश्चित है। भगवान् विष्णु की सांत्वना पाकर ब्रह्माजी और देवी भूमि अपने-अपने लोक को लौट गए।

उस काल में शूरसेन जनपद में यदुवंशी राजा शूरसेन का शासन था। उनके पुत्र का नाम वसुदेव था, जो साधु प्रकृति के सत्यवादी पुरुष थे। वसुदेव का अधिकांश समय ईशोपासना में ही व्यतीत होता था। उस समय मथुरा में यदुवंशी शासन था, जहाँ नायक देवक का निवास था। देवक की एक कन्या थी, जिसका नाम देवकी था। देवकी सदाचरण से युक्त सुशील कन्या थी। देवकी का विवाह वसुदेव के साथ किया जाना निश्चित हुआ।

देवकी का चचेरा भाई कंस अत्यंत दुष्ट प्रवृत्ति का था। उसने अपने पिता उग्रसेन को गद्दी से उतारकर स्वयं को मथुरा नगरी का शासक घोषित कर दिया था। यद्यपि वह दुष्ट प्रवृत्ति का था, किंतु वह अपनी चचेरी बहन देवकी को अत्यंत प्रेम करता था। शीघ्र ही देवकी का विवाह वसुदेव के साथ संपन्न हो गया।

जब कंस आनंद-विभोर होकर देवकी और वसुदेव को अपने रथ में बैठाकर उन्हें विदा करने जा रहा था, तभी मार्ग में एक आकाशवाणी हुई, ''कंस, जिस अत्यंत प्रिय बहन को तू बड़े हर्षोल्लास के साथ विदा करने जा रहा है, भविष्य में उसी का आठवाँ पुत्र तेरा वध करेगा।''

आकाशवाणी के शब्दों ने कंस को भीतर तक झकझोर दिया था। उसके मुख का रंग फीका पड़ गया था। उसका शरीर कँपकँपाने लगा था और क्रोध उसके मुख पर स्पष्ट दृष्टिगोचर हो रहा था। उसने तुरंत म्यान से तलवार निकाली। जैसे ही वह देवकी को मारने के लिए उद्यत हुआ, वसुदेव उससे विनती करते हुए बोले, ''हे कंस! तुम एक प्रसिद्ध यदुवंशी योद्धा हो। तुम्हें एक अबला पर तलवार चलाना शोभा नहीं देता।''

''वसुदेव!'' कंस क्रोधावेश में बोला, ''शोभा-अशोभा की बातें मुझे मत समझाओ। क्या तुमने सुना नहीं, कुछ क्षण पूर्व आकाशवाणी से क्या विदित हुआ? मैं देवकी का अंत कर अपना जीवन सुरक्षित करूँगा।''

''कंस!'' वसुदेव विनीत भाव से बोले, ''तुम्हें देवकी से कैसा भय? भय तो उसके आठवें पुत्र से है। मैं तुम्हें वचन देता हूँ कि देवकी की कोख से जो भी संतान जन्म लेगी, उसे मैं तुम्हें सौंप दूँगा। फिर तुम उसे चाहे प्राणदंड देना या प्राणदान। अतः तुम देवकी को क्षमादान दे दो।''

वसुदेव के लाख अनुनय-विनय करने के बाद कंस ने उनकी विनती स्वीकार कर ली।

समय आने पर जब भी देवकी की कोख से उनकी संतान ने जन्म लिया, उसे वसुदेव ने अपने वचनानुसार कंस को सौंप दिया। इस प्रकार एक-एक कर कंस ने देवकी की छह संतानों की बड़ी निर्ममता से हत्या कर

दी। उसका अत्याचार यहीं पर नहीं रुका। उसने वसुदेव के पिता शूरसेन के राज्य को भी जबरदस्ती अपने राज्य में मिला लिया।

देवकी की छहों संतानों की निर्ममता से हत्या करने के बाद कंस को लगता था कि अब उसका मार्ग निष्कंटक हो गया है। इसी प्रकार वह उसकी सातवीं और आठवीं संतान को भी मृत्युलोक पहुँचा देगा। किंतु विधाता के लेख को कौन मिटा सकता है!

जब देवकी सातवीं बार गर्भवती हुईं तो उनके गर्भ में से 'अनंत' नामक भगवान् का पूर्णांश प्रकट हुआ। तब भगवान् ने अपनी अंतरंगा शक्ति 'योगमाया' को प्रकट होने का आदेश दिया। फिर भगवान् के आदेशानुसार उन्होंने देवकी के गर्भ को वृंदावन में महाराज नंद और उनकी पत्नी यशोदा के यहाँ निवास करनेवाली वसुदेव की दूसरी पत्नी रोहिणी के गर्भ में स्थानांतरित कर दिया, जबकि वे स्वयं यशोदा के गर्भ में प्रकट हुईं।

विधि के विधानानुसार योगमाया ने नंद-यशोदा की पुत्री के रूप में जन्म लिया, भगवान् जगन्नाथ ने वसुदेव-देवकी के पुत्र के रूप में जन्म लिया और रोहिणी के गर्भ से 'शेष' ने बलराम के रूप में जन्म लिया।

वर्षा ऋतु का समय था। आकाश में घनघोर काली घटा छाई हुई थी। नभमंडल में शुभ नक्षत्रों का योग सुस्पष्ट बन रहा था। ऐसे समय में मध्य रात्रि को भगवान् विष्णु ने देवकी के गर्भ से शिशु के रूप में जन्म लिया। उस समय वसुदेव और देवकी कंस के बंदीगृह में हथकड़ियों के बंधन में जकड़े हुए थे; किंतु भगवान् विष्णु का अवतरण होते ही उनके बंधन स्वत: ही खुल गए। यह दृश्य देखकर वसुदेव और देवकी की आँखें आश्चर्य से फटी रह गईं कि उनका नवजात शिशु एक दिव्य तेज से आलोकित होकर चार हाथोंवाले विराट् और मनोहारी रूप में बदल गया। उनके प्रत्येक हाथ में क्रमश: शंख, गदा, पद्म और चक्र शोभायमान थे। वे तुरंत समझ गए कि स्वयं नारायण ने उनके यहाँ पुत्र के रूप में जन्म लिया है। उन्होंने करबद्ध होकर भगवान् की स्तुति की। इसके बाद नारायण फिर शिशु रूप में आ गए।

देवकी और वसुदेव यह सोच-सोचकर चिंतित थे कि कंस एक बार

फिर उनकी संतान की निर्ममता से हत्या कर देगा। तभी आकाशवाणी हुई, "वसुदेव! यदि तुम अपने पुत्र को कंस की क्रूरता से बचाना चाहते हो तो उसे गोकुल में आज ही नंद-यशोदा के यहाँ जन्म लेनेवाली कन्या के बदले वहाँ छोड़ आओ। तभी तुम्हारे पुत्र के प्राण बच सकते हैं।"

"किंतु यह तो घोर पाप होगा कि मैं अपनी ममता और स्नेह की रक्षा के लिए दूसरे की ममता और स्नेह को नष्ट कर दूँ।" वसुदेव बोले, "नहीं-नहीं, मैं ऐसा नहीं कर सकता।"

"नहीं वसुदेव, यह कोई पाप नहीं है; बल्कि यह प्रभु की आज्ञा है।" कारागृह में पुनः आवाज गूँज उठी।

"तो फिर मुझे यह कार्य स्वीकार्य है।" वसुदेव ने कहा।

तत्पश्चात् वसुदेव ने शिशु को टोकरी में रखा और कारागृह से बाहर की ओर चल दिए। उन्होंने देखा कि द्वार खुले हुए हैं और द्वारपाल गहरी निद्रा में लीन हैं। संभव है कि प्रभु की लीला आरंभ हो चुकी थी। जब वसुदेव कारागृह से निकलकर यमुना तट पर पहुँचे तो यमुना नदी का जल स्तर बढ़ गया था और वर्षा भी लगातार हो रही थी। किंतु बिना किसी भय के उन्होंने यमुना नदी में प्रवेश किया। ज्यों-ज्यों वे यमुना में प्रवेश करते रहे, त्यों-त्यों उनका शरीर जलमग्न होता रहा। एक समय तो उन्हें ऐसा प्रतीत हुआ कि शीघ्र ही उनकी जल-समाधि बन जाएगी। जल उनके कंठ तक आ चुका था और ऐसा प्रतीत होता था जैसे वह टोकरी में प्रसन्न मुद्रा में लेटे हुए प्रभु का स्पर्श करना चाहता हो। अतः ज्यों ही प्रभु ने टोकरी से पाँव बाहर निकालकर जल का स्पर्श किया तो एकाएक उसका स्तर कम हो गया। कुछ समय बाद वसुदेव गोकुल पहुँचे और वहाँ अपने नन्हे बालप्रभु को छोड़कर बदले में यशोदा की कन्या को ले आए।

दूसरी ओर, जैसे ही कंस को देवकी की सातवीं संतान का पता चला तो वह कारागृह में आ धमका। देवकी ने कंस से गुहार की कि वह उसकी कन्या के साथ पूर्ववत् व्यवहार न करे, क्योंकि उसका अंत कोई कन्या नहीं,

बल्कि उनका आठवाँ पुत्र करेगा। बहुत समझाने के बाद भी कंस नहीं माना और जैसे ही उसने उस अबोध कन्या को मारने के लिए उठाया, वह कन्या उसके हाथ से छिटककर आकाश की ओर चली गई और उसने देवी अष्टभुजा का रूप धारण कर लिया। देवी ने कंस को चेतावनी देते हुए कहा कि वह चाहती तो उसका वध क्षण भर में ही कर सकती थी; किंतु उसका वध उसके हाथों नहीं, अपितु प्रभु की इच्छा से होगा। इतना कहकर देवी अंतर्धान हो गईं।

कंस इस बात से बहुत घबराया हुआ था कि उसके लाख प्रयत्न के पश्चात् उसका वध करनेवाला जन्म ले चुका था। अत: उसके हित-चिंतकों ने उसे परामर्श दिया कि वह राज्य के सभी बालकों का वध करवा दे, जिससे उसका शत्रु समाप्त हो जाएगा। कंस को यह विचार अपने मनोनुकूल लगा और उसने राज्य के सभी बालकों की हत्या का आदेश जारी कर दिया। इसके अतिरिक्त उसने भगवान् विष्णु और देवताओं को शक्ति पहुँचानेवाले कृत्यों का भी घोर विरोध करना आरंभ कर दिया, जिससे आसुरी शक्तियाँ प्रबल हो सकें। सत्पुरुषों को सताया जाने लगा। धर्म पर अधर्म, न्याय पर अन्याय, सत्य पर असत्य और सदाचार पर अनाचार हावी होने लगा।

बाल-लीलाएँ

कंस ने यह आदेश जारी किया था कि राज्य के सभी बालकों की हत्या कर दी जाए, जिससे उसके शत्रु का नाश हो जाए। उसने इस कार्य का भार पूतना राक्षसी को सौंपा, जो अनेक प्रकार के राक्षसी मायाजाल रचना जानती थी। उसने अनेक बालकों का वध कर दिया था और जब उसे पता चला कि गोकुल में नंद-यशोदा के यहाँ एक पुत्र ने जन्म लिया है तो वह उनके पुत्र का वध करने के लिए उनके महल की ओर चल पड़ी।

पूतना ने अपनी माया शक्ति से एक सुंदर स्त्री का रूप धारण कर नंद के महल में प्रवेश किया। उसने स्त्री-सुलभ चेष्टा का बहाना बनाते हुए यशोदा की गोद से बालक को ले लिया। ममता और स्नेह का मायाजाल

रचकर पूतना उस अबोध बालक को स्तनपान कराना चाहती थी। उसके स्तनों में तीव्र प्रभावकारी विष लगा हुआ था। वह विचार कर रही थी कि अन्य बालकों की भाँति जब यह बालक भी उसका स्तनपान करेगा तो कुछ क्षणों में ही मृत्यु के मुख में समा जाएगा। किंतु घटना उसके विचारों के विपरीत घटी। वह यह देखकर हतप्रभ रह गई कि बहुत समय तक तीव्रतम विषपान करने के बाद भी वह बालक जीवित था। जहाँ पूतना की चिंता बढ़ती जा रही थी, वहीं यशोदा का दुलारा लगातार दुग्धपान कर रहा था। अब पूतना के स्तनों में दुग्ध तो शेष नहीं रहा था, किंतु उसके स्तनों के द्वारा उसके शरीर की संचित शक्ति निष्कासित हो रही थी। धीरे-धीरे शक्ति निष्कासित होने के कारण उसका शरीर निढाल-सा हो गया और फिर, कुछ क्षणों के बाद उसके प्राण-पखेरू उड़ गए।

शरीर से प्राण निकलते ही पूतना अपने वास्तविक राक्षसी रूप में आ गई। गोकुलवासी यह घटना देखकर आश्चर्यचकित रह गए। माता यशोदा ने अपने नन्हे दुलारे को गोद में लिया और उसे अनेक प्रकार के अहित से दूर रखने हेतु उन्होंने कई प्रकार के अनुष्ठान करवाए।

नंद महाराज यह तो भली-भाँति जानते थे कि बलराम वसुदेव की दूसरी पत्नी रोहिणी के पुत्र हैं, किंतु वे इस तथ्य से अनभिज्ञ थे कि कृष्ण भी उन्हीं के पुत्र हैं। नंद और वसुदेव में गहरी मित्रता थी, इसलिए कंस के कोप से बचने के लिए रोहिणी नंद के यहाँ निवास करती थीं।

कंस को जब पूतना की मृत्यु का समाचार मिला तो वह आश्चर्यचकित हो गया कि पूतना का वध इतनी सरलता से कैसे हुआ। अत: उसने इसका भेद जानने के लिए अपने कई गुप्तचरों को गोकुल भेजा।

नंद-यशोदा के दुलारे अब एक वर्ष के हो चुके थे। उनके प्रथम जन्म-दिवस का आयोजन बड़ी धूमधाम से मनाया गया। बालक की अभिषेक-क्रिया संपन्न हुई। सभी आमंत्रित जनों ने बालक को अनेक शुभाशीष दिए। इसी बीच भारी कोलाहल के दौरान यशोदा अपने दुलारे को एक छकड़े के नीचे सुलाकर आयोजन कार्यों में व्यस्त हो गई।

जब बालक कृष्ण की आँखें खुलीं तो क्षुधा के कारण वे अपने पैर इधर-उधर चलाने लगे और जैसे ही उनका पैर छकड़े से स्पर्श हुआ, छकड़ा उलट गया। उस समय एक राक्षस रूप धारण कर कृष्ण को उठाने के उद्देश्य से छकड़े के नीचे घुस आया था; किंतु जैसे ही छकड़ा उलटकर उसके ऊपर गिरा तो उसकी मृत्यु हो गई। जब माता यशोदा ने छकड़ा को उलटा हुआ देखा तो वे दौड़ी-दौड़ी वहाँ आईं और अपने दुलारे को गोद में उठा लिया तथा अपने प्यारे पुत्र को सुरक्षित देखकर प्रभु को अनेक-अनेक धन्यवाद दिए।

अभी बालक कृष्ण के जन्म-दिवस को संपन्न हुए कुछ ही दिन बीते थे। माता यशोदा अपने दुलारे को गोद में लिये खिला रही थीं। अचानक उन्होंने अनुभव किया कि उनका दुलारा एकाएक भारी-सा हो गया है। अत: उन्होंने उसे धरती पर बैठा दिया और अपने कार्य में व्यस्त हो गईं।

कुछ समय उपरांत कंस का एक असुर मित्र, जो मायावी था, नंदलाल के पास आ धमका और उनको गोद में उठाकर वहाँ से उड़ चला। उस असुर का नाम तृणावर्त था, जो अनेक आसुरी शक्तियों का स्वामी था। जब तृणावर्त आकाश में उड़ रहा था तो इतनी तेज आँधी थी कि गहन अंधकार छा गया था। देखते-ही-देखते गोकुल के ऊपर धूल-मिट्टी और तिनकों का अंधड़ भरा भयानक चक्रवात मँडराने लगा था।

इधर माता यशोदा नियत स्थान पर अपने पुत्र को न पाकर चिंतित हो उठीं और उन्हें इधर-उधर व्याकुलता से खोजने लगीं। उधर तृणावर्त ने जब नंदलाल को आकाश की ऊँचाई से पटकना चाहा तो नंदलाल ने उसकी गरदन को बुरी तरह से जकड़ लिया। तृणावर्त ने अपनी गरदन को छुड़ाने का बहुत प्रयास किया, किंतु वह अपने प्रयास में असफल ही रहा। अंतत: नंदलाल ने अपनी लीला दिखाई और कुछ ही क्षणों में तृणावर्त नभ मंडल की ऊँचाई से उलट-पुलट होता हुआ पृथ्वी पर आ गिरा। पृथ्वी पर गिरते ही उसका अंत हो गया।

तृणावर्त के अंत के साथ ही गोकुल के ऊपर मँडरानेवाला भारी चक्रवात

भी रुक गया। जब वातावरण शांत हुआ तो गोकुलवासी नंदलाल की खोज में चल दिए। कुछ दूरी पर ही उन्होंने नंदलाल को पृथ्वी पर खेलते हुए पाया, जहाँ तृणावर्त राक्षस का शरीर क्षत-विक्षत अवस्था में पड़ा हुआ था। माता यशोदा ने अपने दुलारे को दौड़कर गोद में उठा लिया और वापस लौट आईं।

उस काल में गर्ग मुनि एक श्रेष्ठ ज्योतिषी और प्रकांड पंडित माने जाते थे, जो पुरोहिती का कार्य भी करते थे। जब वे मथुरा गए तो वहाँ उन्होंने वसुदेव से भेंट की। वसुदेव ने उन्हें गोकुल जाकर अपने दोनों पुत्रों के उचित नामकरण और भविष्य की गणना करने के लिए कहा। वास्तव में, गर्ग मुनि वसुदेव के कुल पुरोहित थे।

एक दिन अवसर देखकर गर्ग मुनि गोकुल में पधारे, जहाँ नंद महाराज ने उनका भरपूर स्वागत-सत्कार किया। गर्ग मुनि ने नंद महाराज को गोकुल में अपने पधारने का प्रयोजन स्पष्ट किया और उन्हें उस तथ्य से अवगत कराया, जिससे वे अनभिज्ञ थे। उन्होंने नंद महाराज को बताया कि जिस पुत्र का लालन-पालन आप अपना पुत्र समझकर कर रहे हैं, वह आपका पुत्र नहीं, अपितु वसुदेव और देवकी का पुत्र है। इसके बाद उन्होंने नंद महाराज को संपूर्ण घटना विस्तारपूर्वक बताई।

फिर एक दिन उचित अवसर जानकर गुप्त ढंग से नंद के दोनों धर्मपुत्रों का नामकरण-संस्कार कर दिया गया। रोहिणी के गर्भ से जन्म लेनेवाले पुत्र का नाम बलराम और देवकी के गर्भ से जन्म लेनेवाले पुत्र का नाम वसुदेव रखा गया। गर्ग मुनि ने श्याम वर्ण होने के कारण वसुदेव को 'कृष्ण' के नाम से संबोधित किया। जहाँ उन्होंने बलराम के बारे में कहा कि ये अद्वितीय बलशाली होंगे, वहीं कृष्ण के संबंध में कहा कि वह विशेष रूप से धर्म की स्थापना करने एवं अधर्म का नाश करने के लिए इस धरा पर अवतरित हुए हैं और अपने विभिन्न क्रिया-कलापों से ये समस्त संसार को अपनी ओर आकृष्ट कर लेंगे।

गर्ग मुनि के वचन सुनकर नंद महाराज, माता यशोदा और अन्य

गोकुलवासियों को बहुत प्रसन्नता हुई।

समय के साथ-साथ अनेक लीलाओं को रचते हुए भगवान् श्रीकृष्ण पलने-बढ़ने लगे। नंद-यशोदा दोनों ही कृष्ण को बहुत लाड़-प्यार करते थे। कृष्ण की लीलाएँ देखकर नंद और यशोदा का हृदय प्रफुल्लित हो उठता था।

कृष्ण बड़े हठी स्वभाव के थे और जिस बात का वे हठ कर लेते थे, उसे पूरी करके ही मानते थे। एक दिन वे माता यशोदा से चंद्र को खिलौना समझकर उसे माँगने का हठ करने लगे। उनका यह हठ देखकर वे उलझन में पड़ गईं। फिर कुछ विचार कर उन्होंने एक बड़े से थाल में साफ जल भरकर रख दिया और उस थाल में चंद्रमा की छवि को देखकर बोलीं, ''लो पुत्र, अपना चंद्र खिलौना ले लो।'' माता यशोदा की चतुराई को कृष्ण भाँप गए और उनके इस व्यवहार पर वे प्रफुल्लित हो उठे।

एक दिन बलराम व अन्य सखाओं ने माता यशोदा से शिकायत की कि कृष्ण ने मिट्टी खाई है। माता यशोदा ने कृष्ण से पूछा, ''कृष्ण, क्या तुमने मिट्टी खाई है?''

इस पर कृष्ण बोले, ''माता, दाऊ भैया तो मुझे तरह-तरह के बहाने बनाकर सताते रहते हैं। तुम इनका और इनके साथ आए अन्य सखाओं का तनिक भी विश्वास न करो। ये सब झूठे हैं।''

फिर भी माता यशोदा ने कृष्ण का मुँह खोलकर देखा तो पाया कि कृष्ण के मुख में मानो संपूर्ण सृष्टि समाई हुई थी। उन्होंने देखा कि कृष्ण के मुख में देव, दानव, धरती, आकाश, चंद्रमा, ग्रह, सूर्य और सागर इत्यादि समाहित थे। यह सब देखकर उनके आश्चर्य की सीमा न रही। वे समझ गईं कि उनके पुत्र में चामत्कारिक शक्तियाँ विद्यमान हैं। उन्होंने करबद्ध होकर मन-ही-मन भगवान् की स्तुति की और उनकी कृपा का आशीष माँगा।

कृष्ण बहुत अधिक शरारती प्रवृत्ति के थे और अपनी माता व अन्य को किसी-न-किसी प्रकार से सताते रहते थे। एक दिन उन्होंने कंकड़ मारकर दही की मटकी फोड़ दी और उसमें से मक्खन निकालकर बंदरों को खिलाने

लगे। जब माता यशोदा ने मटकी टूटी हुई देखी तो वे तुरंत समझ गईं कि हो-न-हो; यह शरारत उनके बाल गोपाल ने ही की है। वे बाल-गोपाल को इधर-उधर खोजने लगीं तो देखा कि कृष्ण ऊखल को उलटाकर उस पर खड़े होकर छींके से मक्खन निकाल रहे हैं और बंदरों को खिला रहे हैं। वे धीरे-धीरे उनके पास पहुँचीं तो कृष्ण ने उन्हें देख लिया और फिर चुपचाप ऊखल पर ही बैठ गए, जबकि बंदर वहाँ से भाग गए।

माता यशोदा ने कृष्ण को डराने का प्रयास किया तो कृष्ण ने कहा, ''मैया मोरी मैं नहीं माखन खायो।'' लेकिन उनके हाथ और मुख पर लगा मक्खन वास्तविकता को प्रदर्शित कर रहा था। उन्होंने कृष्ण को सजा देने के लिए उन्हें रस्सी से बाँधने का निर्णय कर लिया। जब वे रस्सी से कृष्ण को बाँधने लगीं तो रस्सी छोटी पड़ गई। अतः उन्होंने एक और लंबी रस्सी ली। लेकिन वह भी छोटी पड़ गई। उन्होंने एक के बाद एक रस्सी से उन्हें बाँधने का प्रयास किया, लेकिन रस्सी हर बार छोटी पड़ जाती। यह देखकर माता यशोदा परेशान हो गईं। कृष्ण माता यशोदा की उलझन को भाँप गए और मंद-मंद मुसकराने लगे।

माता यशोदा ने अपने इष्टदेव का स्मरण किया और फिर से कृष्ण को रस्सी से बाँधने का प्रयत्न करने लगीं। इस बार गाँठ बड़ी सरलता से लग गई। उन्होंने कृष्ण को रस्सियों से बाँधकर ऊखल के साथ ही लपेट दिया और उन्हें वहाँ छोड़कर पुनः अपने कार्य में व्यस्त हो गईं, जबकि कृष्ण फिर अपनी लीला रचने में लग गए।

कृष्ण ऊखल को खींचते हुए आँगन में आ गए, जहाँ नारद मुनि द्वारा श्रापित कुबेर के दो पुत्र नलकूबर और मणिग्रीव 'यमलार्जुन' के वृक्ष के रूप में खड़े थे। कृष्ण उन वृक्षों के बीच से स्वयं तो बड़ी सरलता से निकल गए, लेकिन ऊखल उन वृक्षों के बीच अटक गया। अतः जब कृष्ण ने जोर लगाकर ऊखल को खींचा तो वृक्ष जड़ सहित उखड़ गए। दोनों वृक्षों के उखड़ते ही एक जोरदार आवाज हुई और देवर्षि नारद के शाप से मुक्त हो

कुबेर के दोनों पुत्र नलकूबर एवं मणिग्रीव हाथ जोड़कर भगवान् कृष्ण की स्तुति करने लगे। इसके बाद उनका आभार व्यक्त कर वे प्रफुल्लित मन से देवलोक की ओर प्रस्थान कर गए।

असुरों के मुक्तिदाता

गोकुल धरा भगवान् कृष्ण के चमत्कारों की जननी बन गई थी। आएदिन कोई-न-कोई आसुरी शक्ति गोकुल में उत्पात मचाती थी और कृष्ण गोकुलवासियों की ढाल बनकर उससे उनकी रक्षा करते थे। एक दिन नंद महाराज के छोटे भाई उपनंद ने गोकुलवासियों से कहा कि आएदिन गोकुल में असुर उत्पात मचाते रहते हैं, इसलिए अब हमें स्थान-परिवर्तन कर देना चाहिए। उपनंद ने सभी को वृंदावन जैसे शांत और हरे-भरे क्षेत्र में निवास करने का परामर्श दिया।

विद्वान् लोगों ने उपनंद की बात का समर्थन किया और सब गोकुलवासी वृंदावन में जाकर रहने लगे। यहाँ आने के बाद कृष्ण और बलराम अपने सखाओं के साथ गायों के छोटे-छोटे बछड़ों की देख-रेख करने लगे।

प्रतिदिन की भाँति कृष्ण-बलराम अपने सखाओं के साथ बछड़ों के साथ जंगल में खेल रहे थे कि अचानक एक असुर बछड़े का रूप धारण कर अन्य बछड़ों में आ मिला। उस असुर का नाम 'वत्सासुर' था, जो कृष्ण और बलराम को मारने के उद्देश्य से वहाँ आया था।

कृष्ण ने भाँप लिया कि उनके बछड़ों के बीच एक असुर रूप धारण कर आ गया है। अत: उन्होंने इसका भेद सांकेतिक रूप में बलराम को बता दिया, जिससे वे सभी सतर्क हो गए। दोनों ने योजनानुसार उस बछड़े रूपी असुर को घेर लिया। असुर ने जब स्वयं को घिरा हुआ देखा तो भागने का प्रयास करने लगा; लेकिन कृष्ण ने उसकी पूँछ पकड़ ली और उसे बड़ी तेजी से एक ओर उछाल दिया। इससे वह असुर एक पेड़ से जा टकराया और जब वह पृथ्वी पर गिरा तो उसकी मृत्यु हो चुकी थी। उस असुर की मृत्यु पर सभी गोप-गोपियों ने कृष्ण-बलराम को बधाई दी।

कृष्ण और बलराम अपने सखाओं के साथ विभिन्न प्रकार के खेलों में व्यस्त रहते थे। वृंदावन में उनकी प्रसन्नता की कोई सीमा न थी। एक दिन वे सब यमुना तट पर अपने बछड़ों को लेकर पहुँचे। वहाँ उन्होंने एक बगुले के समान आकृतिवाले विशाल-जीव को देखा, जिससे वे सभी भयभीत हो उठे। यह विशाल जीव बकासुर नामक एक असुर था, जो पूतना राक्षसी का भाई था। कृष्ण ने पूर्व में पूतना का वध किया था, जिसका प्रतिकार लेने के लिए वह वहाँ आया था।

जब बकासुर ने अपनी विशाल एवं तीक्ष्ण चोंच से कृष्ण पर आक्रमण किया तो कृष्ण ने बड़ी फुरती से उसकी चोंच को पकड़ लिया और एक ही वार से उसकी चोंच को एक तिनके की भाँति चीरकर फेंक दिया। बकासुर के अंत के साथ ही भय-मुक्त हो कृष्ण के सखाओं ने हर्षोल्लास से कृष्ण की जय-जयकार की।

अपने बड़े भाई बकासुर की मृत्यु से अघासुर विचलित हो उठा। अपने भाई और बहन की मृत्यु का प्रतिकार लेने के लिए वह उस स्थान पर जा पहुँचा, जहाँ कृष्ण-बलराम अपने सखाओं के साथ क्रीड़ामग्न थे। वह एक विशाल सर्प का रूप धारण कर मार्ग में लेट गया। जब कृष्ण और उनके सखाओं ने यह दृश्य देखा और उस मार्ग से बचकर निकलने का उन्हें कोई अन्य उपाय न सूझा तो वे उस असुर के मुख में सभी बछड़ों सहित घुसते चले गए। उन्हें कोई भय न था, क्योंकि उन्हें विश्वास था कि कृष्ण पूर्व की भाँति इस असुर का भी अंत कर देंगे।

जब सभी ग्वाल बाल अपने बछड़ों सहित अघासुर के मुख में प्रवेश कर गए तो अघासुर प्रसन्न हो उठा और अब वह कृष्ण के प्रवेश करने की प्रतीक्षा करने लगा। लेकिन कृष्ण तो अंतर्यामी थे। उन्होंने अघासुर की मनोदशा को ताड़ लिया। जैसे-जैसे कृष्ण ने उसके भीतर प्रवेश किया, उन्होंने अपना आकार बढ़ा लिया। जब अघासुर ने अपना मुख बंद करना चाहा तो वह ऐसा न कर सका। उसके भीतर प्राणवायु का जाना बंद हो गया, जिससे कुछ समय पश्चात् ही उसकी मृत्यु हो गई। इस प्रकार कृष्ण ने अघासुर का अंत

कर अपनी लीला का परिचय दिया।

कृष्ण की यह लीला देखकर सभी देवगणों ने कौतुक प्रकट किया। ब्रह्माजी भी कृष्ण की लीला देखकर आश्चर्यचकित हुए बिना न रह सके। वे कृष्ण-लीला विस्तारपूर्वक जानने के लिए यथोचित अवसर की प्रतीक्षा करने लगे।

अघासुर के पाश से मुक्त होने के बाद कृष्ण अपने सखाओं के साथ अपने बछड़ों को हरी-हरी घास पर छोड़कर कलेवा करने लगे। जब ब्रह्माजी ने कृष्ण को उनके सखाओं सहित कलेवा करते देखा तो उन्हें जैसे कृष्ण-लीला में सम्मिलित होने का अवसर मिल गया, जिसकी वे प्रतीक्षा कर रहे थे। कलेवा का आनंद लेते-लेते जब कृष्ण और उनके बालसखाओं ने अपने बछड़ों की ओर दृष्टि डाली तो उन्हें यथास्थान न पाकर आश्चर्य प्रकट किया। सभी ग्वाल बाल यह दृश्य देखकर चिंतित हो उठे; लेकिन कृष्ण ने ढाढ़स बँधाया और उन्हें कलेवा का आनंद लेने की बात कही। यह कहकर वे बछड़ों की खोज में चल दिए।

कृष्ण ने यहाँ-वहाँ बछड़ों की बहुत खोजबीन की, लेकिन बछड़े उन्हें कहीं भी दिखाई नहीं दिए। अतः वे नियत स्थान पर लौट आए; लेकिन वहाँ अपने सखाओं को न देखकर आश्चर्यचकित हो गए। उनके होंठों पर तीव्र मुसकान खिल उठी। वे समझ गए कि यह सब ब्रह्माजी का खेल है।

संध्या हो गई थी। घर लौटने का समय हो चुका था। कृष्ण यह सोच रहे थे कि जब गायों को उनके प्रिय बछड़े और माताओं को उनके प्रिय पुत्र न मिलेंगे तो वे व्याकुल हो उठेंगे और हो सकता है कि इस वियोग में वे अपने प्राण त्याग दें। अतः कृष्ण ने अपनी योगमाया शक्ति के माध्यम से अपने सभी बालसखाओं और बछड़ों को उत्पन्न किया तथा पूर्व की भाँति वृंदावन लौट आए।

कुछ समय बाद ब्रह्माजी ने विचार किया कि अपने बालसखाओं एवं बछड़ों की चोरी के बाद कृष्ण ने कौन सी लीला रची। ब्रह्माजी वह दृश्य देखकर आश्चर्यचकित हो उठे, जहाँ कृष्ण अपने बालसखाओं और बछड़ों

के साथ क्रीड़ामग्न थे। कृष्ण की इस लीला को वे तुरंत समझ गए। वे तब और अधिक आश्चर्यचकित हो उठे, जब उनके सभी बालसखा चतुर्भुज रूपधारी कृष्ण के रूप में परिवर्तित हो गए। वे कृष्ण के रूपों का विस्तार तो समझ गए थे, लेकिन उनके द्वारा प्रकट अद्वितीय शक्ति को समझ पाने में वे स्वयं को असमर्थ अनुभव कर रहे थे। उनके मन की व्यथा को कृष्ण ने तुरंत समझ लिया। उन्होंने अपनी योगमाया शक्ति का आवरण हटा दिया तो ब्रह्माजी को ऐसा अनुभव हुआ जैसे वे निद्रा से जागे हों। वे तुरंत श्रीकृष्ण के सम्मुख दंडवत् होकर गिर पड़े और उन्होंने अनेक प्रकार से उनकी स्तुति की। फिर, जब उन्होंने सभी ग्वाल बालों व बछड़ों को मुक्त कर दिया तो कृष्ण ने भी अपना विस्तार समेट लिया। इसके बाद वे फिर अपने बालसखाओं के साथ क्रीड़ामग्न हो गए।

कृष्ण बाल-लीला रचते हुए और बालसखाओं के साथ यमुना के तट पर गाय-बछड़ों को चराते और खेल का आनंद प्राप्त करते। एक दिन उनके मित्रों ने उन्हें तालवन के बारे में बताया कि वहाँ ताड़ के वृक्ष फलों और फूलों से आच्छादित हैं, किंतु दुर्भाग्यवश कोई भी उनका उपयोग नहीं कर पाता। कृष्ण के पूछने पर उन्होंने बताया कि तालवन पर एक शक्तिशाली असुर ने अपना अधिकार जमाया हुआ है, जिस कारण कोई भी वहाँ जाने का साहस नहीं कर पाता।

वास्तव में, तालवन पर धेनुकासुर ने अपना अधिकार जमाया हुआ था और जो भी वहाँ आने का साहस करता, वह उसे अपना ग्रास बना लेता था। अत: लोगों को उसके भय से मुक्त करने के लिए कृष्ण और बलराम अपने मित्रों के साथ तालवन की ओर चल दिए। तालवन में पहुँचकर बलराम ने फलों से लदे वृक्ष को हिलाया तो धड़ाधड़ फल गिरने लगे। धरती पर फलों के गिरने की आवाज सुनकर धेनुकासुर पेड़ों के झुरमुट से बाहर निकल आया और भीषण गर्जना करता हुआ बलराम की ओर लपका। जब उसने अपनी दुलत्ती से बलराम पर वार किया तो उससे बलराम ने बड़ी फुरती से उसकी दोनों टाँगें पकड़ लीं और उसे घुमाकर ऊपर की ओर उछाल दिया।

जब वह आकाश की ऊँचाई से धरती पर आकर गिरा तो उसके प्राण शरीर से निकल चुके थे।

धेनुकासुर के मरने के उपरांत सभी ग्वाल बालों ने कृष्ण और बलराम को घेर लिया और उन्हें अपने कंधों पर बिठाकर उनकी जय-जयकार करने लगे। इस प्रकार धेनुकासुर के अंत के बाद लोग भयमुक्त होकर तालवन में आने-जाने लगे।

अकसर कृष्ण और बलराम अपने मित्रों के साथ यमुना के तट पर खेला करते थे। एक दिन वे गेंद से खेल रहे थे कि खेलते-खेलते उनकी गेंद यमुना नदी में जा गिरी। खेल में व्यवधान उत्पन्न हो गया था। अत: खेल को पुन: आरंभ करने के लिए कृष्ण गेंद लाने हेतु यमुना की ओर चल पड़े। उनके मित्रों ने उन्हें बताया कि यमुना में कालिय नाग रहता है, इसलिए वे वहाँ न जाएँ। कालिय नाग के विष का ही यह प्रभाव था कि जहाँ वह रहता था, वहाँ से उड़नेवाले पक्षी भी विषैली श्वास-प्रश्वास के कारण निर्जीव होकर यमुना में आ गिरते थे। यह सब जानने के पश्चात् भी कृष्ण यमुना में प्रवेश कर गए।

जब कृष्ण यमुना की गहराई में पहुँच गए तो कालिय नाग ने फुफकारते हुए उन पर आक्रमण कर दिया। उस दिन बलराम घर पर ही थे, अत: वे घटना की सूचना मिलते ही माता यशोदा व अन्य लोगों के साथ घटनास्थल पर पहुँच गए। बहुत देर के बाद भी जब कृष्ण बाहर नहीं आए तो माता यशोदा को चिंता होने लगी और उनकी आँखों से अश्रुधारा बहने लगी। माता को रोते देख बलराम ने उन्हें सांत्वना दी और कहा कि कृष्ण को कुछ नहीं होगा।

कुछ समय उपरांत लोगों ने देखा कि कृष्ण कालिय नाग के फनों पर खड़े होकर हाथ में गेंद लिये और बाँसुरी बजाते हुए बाहर आ गए हैं। यह दृश्य देखकर वहाँ उपस्थित सभी लोगों की आँखें आश्चर्य से फटी रह गईं। कृष्ण को इस स्थिति में देखकर सभी वृंदावनवासी उनकी जय-जयकार करने लगे।

अपने पति को इस स्थिति में देखकर नाग-पत्नियाँ समझ गईं कि उनके पति पर विजय पानेवाला यह बालक कोई सामान्य बालक नहीं है, बल्कि

साक्षात् परमेश्वर ही हैं। वे तुरंत कृष्ण के पास आईं और उनसे हाथ जोड़कर विनती करने लगीं कि उनके पति को अभयदान दें। कालिय नाग ने भी उनसे अनुरोध करते हुए कहा, ''प्रभु, आपको पहचानने में मुझसे भूल हो गई। मुझे क्षमा करें। अब मैं आपकी शरण में हूँ।''

कृष्ण ने कालिय नाग से कहा, ''हे कालिय नाग! मैं यह भली-भाँति जानता हूँ कि गरुड के भय से ही तुम यहाँ कालिंदी में आए थे, क्योंकि वह तुम्हारा भक्षण करना चाहता था। किंतु तुम्हें अब उससे भय की कोई आवश्यकता नहीं। तुम्हारे शीश पर मेरे चरण-कमलों के चिह्न देखकर वह न तो तुम्हारा वध करेगा और न ही भक्षण। अब तुम निर्भय होकर जीवन व्यतीत कर सकते हो।''

कृष्ण कालिय नाग की विष-ज्वाला का दमन करने के पश्चात् यमुना से बाहर आ गए और वृंदावनवासियों को बताया कि जो भी कालिय-दह के इस स्थान पर स्नान करेगा अथवा एक दिन का उपवास कर इस जल से पितरों का तर्पण करेगा, निश्चय ही समस्त पापों से उसकी मुक्ति हो जाएगी।

एक दिन कृष्ण अपने अग्रज व मित्रों के साथ सुंदर वन में खेल रहे थे कि तभी एक असुर उनके सखा का रूप धारण कर उनके साथ खेलने लगा। उस असुर का नाम प्रलंबासुर था, जो कृष्ण और बलराम का वध करने के उद्देश्य से उनके खेल में सम्मिलित हो गया था।

कृष्ण तो ठहरे अंतर्यामी, इसीलिए वे अपने बीच असुर की उपस्थिति को तुरंत समझ गए। फिर भी उन्होंने प्रलंबासुर को इसका तनिक भी आभास नहीं होने दिया और उसके साथ मित्रतापूर्ण व्यवहार किया। इसके बाद खेल आरंभ हुआ, जिसके लिए दो समूह बने। एक समूह कृष्ण का था तो दूसरा बलराम का था। प्रलंबासुर कृष्णवाले समूह में सम्मिलित हो गया। फिर यह तय हुआ कि जो भी समूह पराजित होगा, वह विजयी समूह को अपनी पीठ पर सवारी कराएगा।

जैसे ही खेल आरंभ हुआ, कृष्ण ने भी अपनी लीला आरंभ कर दी।

उन्होंने प्रलंबासुर को सबक सिखाने के उद्देश्य से अपनी टोली (समूह) को जान-बूझकर पराजित करवा दिया। खेल के नियमानुसार जब पराजित समूह को विजयी समूह को अपनी पीठ पर सवारी कराने की बारी आई तो बलराम प्रलंबासुर की पीठ पर सवार हो गए।

बलराम को अपनी पीठ पर बैठाकर जब प्रलंबासुर अन्य सहयोगियों से बहुत आगे आ गया तो उसने विचार किया कि यही उसके लिए उचित अवसर है कि वह पहले बलराम का वध कर दे और बाद में कृष्ण का। अत: यह विचार कर उसने बलराम को अपनी पीठ से उतार दिया और अपने वास्तविक रूप में आ गया। बलराम ने भी अपनी शक्ति को संचित किया और उससे भिड़ने के लिए तैयार हो गए। उनके बीच भीषण मल्ल-युद्ध हुआ। अंतत: बलराम के मुष्टि प्रहार से लहूलुहान होकर प्रलंबासुर धरती पर गिर पड़ा और ऐसा गिरा कि फिर कभी नहीं उठा।

कुछ समय उपरांत खोजते-खोजते कृष्ण व अन्य ग्वाल बाल भी वहाँ आ गए। उन्होंने जब एक विशालकाय असुर को मृत अवस्था में देखा तो आश्चर्य से बलराम की ओर देखने लगे। इसके पश्चात् वे सब वहाँ से प्रस्थान कर गए।

इंद्रदेव का अहंकार

वृंदावन में चारों ओर चहल-पहल थी। लगातार लोगों की आवा-जाही जारी थी। लोग एक विशेष आयोजन की तैयारी कर रहे थे और कृष्ण यह भली-भाँति जानते थे कि यह आयोजन इंद्र-यज्ञ के उपलक्ष्य में किया जा रहा है। फिर भी, अनभिज्ञता दरशाते हुए कृष्ण ने नंद बाबा से पूछ ही लिया कि पिताश्री, यह भव्य आयोजन किस उपलक्ष्य में किया जा रहा है? उनके प्रश्न पर नंद महाराज ने उन्हें बताया कि यह आयोजन इंद्र-यज्ञ के लिए किया जा रहा है। कृष्ण के पुन: प्रश्न करने पर उन्होंने बताया कि यह एक पारंपरिक उत्सव है, जो उनके पूर्वजों द्वारा मनाया जाता रहा है। उन्होंने आगे बताया कि

इंद्र की कृपा से ही उन्हें वर्षा का जल प्राप्त होता है। अत: उन्हें प्रसन्न करने के लिए ही यह आयोजन किया जा रहा है।

नंद बाबा की बातें सुनकर कृष्ण के अधरों पर एक चिर-परिचित मुसकान खिल उठी। वे समझ गए थे कि इस प्रकार के यज्ञों और अनुष्ठानों के फलस्वरूप इंद्र अभिमानी हो गया है। यदि उसका अभिमान शीघ्र ही चूर नहीं किया गया तो संभव है कि वह अपने पद और पथ दोनों से ही विमुख हो जाए। अत: उन्होंने नंद बाबा से कहा कि जब मनुष्य को भगवान् केवल उसके कर्मों का ही फल प्रदान करते हैं तो इसमें भगवान् या अन्य किसी देवता को पूजने की कोई आवश्यकता नहीं और यही बात इंद्र के लिए भी है। यद्यपि अन्य लोगों ने उनकी बात का खंडन किया, किंतु अंत में सभी को उनके तर्क से सहमत होना पड़ा।

यज्ञ आरंभ किया गया और विद्वान् ब्राह्मणों द्वारा यथोचित सामग्री को अग्नि में समर्पित किया गया। दानकर्म किया गया और फिर कृष्ण के कथनानुसार गोवर्धन पर्वत की पूजा आरंभ की गई।

जब इंद्र को इस बात का पता चला तो वे बहुत क्रोधित हुए और उन्होंने क्रोधावेश में आकर 'सांवर्तक मेघ' को आदेश दिया कि वह वृंदावन के संपूर्ण क्षेत्र को व्यापक बाढ़ में आप्लावित कर दे। अब उन्हें इंद्र का अपमान करने का परिणाम तो भुगतना ही पड़ेगा।

इंद्र की मति नष्ट हो गई थी और उनके विवेक ने भी उनका साथ छोड़ दिया था। वे भगवान् की महिमा से अनभिज्ञ थे, इसलिए वे अनुचित कर्म करने पर विवश हो गए थे। अंतत: उनके आदेशानुसार सांवर्तक मेघों ने वृंदावन के ऊपर भीषण गर्जना करते हुए प्रलय मचा दी। कुछ ही समय में संपूर्ण वृंदावन जल-निमग्न हो उठा। चारों ओर जल की भयंकर लहरें उछलने लगीं। वृंदावनवासी अचानक आए संकट से आर्तनाद कर उठे।

वृंदावन में अब तक जो संकट आए थे, उनसे कृष्ण ने ही वृंदावनवासियों को मुक्ति दिलाई थी। उन्हें विश्वास था कि इस बार भी कृष्ण ही उन्हें अचानक आए इस संकट से मुक्ति दिलाएँगे। यही विचार कर वे करुण स्वर

में विलाप करते हुए कृष्ण की शरण में पहुँचे और उनसे रक्षा हेतु अभ्यर्थना करने लगे।

कृष्ण यह भली-भाँति जानते थे कि यह सब इंद्र का किया-धरा है, जो अभिमानवश इस क्रूरता पर उतर आया है। अत: उन्होंने वृंदावनवासियों की रक्षार्थ गोवर्धन पर्वत को अपनी तर्जनी अंगुली पर धारण कर लिया और सभी को उस पर्वत के छत्र के नीचे बुला लिया। लगातार कई दिनों तक वे वह पर्वत धारण किए रहे।

भगवान् की यह लीला देखकर इंद्र का क्रोध पलक झपकते ही उड़ गया। उन्होंने शीघ्र ही सांवर्तक मेघ को वर्षा रोकने का आदेश दिया। संभव है कि उसे वस्तुस्थिति का आभास हो गया था कि इन ग्वालों के मध्य लीला रचनेवाला बालक कोई साधारण बालक नहीं, बल्कि साक्षात् भगवान् श्रीहरि-विष्णु हैं। वह करबद्ध होकर उनके चरणों में गिर पड़ा और अपने अपराध के लिए क्षमा-याचना करने लगा। दीनदयालु प्रभु को इंद्र पर दया आ गई और उन्होंने उसे क्षमा कर दिया।

नंद बाबा की मुक्ति

कार्तिक शुक्ला एकादशी का दिन था। नंद बाबा ने इस दिन व्रत रखा था। वे भगवान् की पूजा-अर्चना करने के पश्चात् प्रातःकाल स्नान करने के लिए यमुना की ओर चल दिए। जब उन्होंने जल में प्रवेश किया तो उस समय ज्योतिष गणनानुसार आसुरी काल चल रहा था; किंतु नंद बाबा इस तथ्य से परिचित नहीं थे। अत: जब वे स्नान करने लगे तो जल के अधिष्ठित देवता वरुण के सेवकों ने नंद बाबा को बंदी बना लिया और उन्हें वरुणलोक ले आए।

इधर जब बहुत समय बीत जाने के बाद भी नंद बाबा नहीं लौटे तो सभी को उनकी बड़ी चिंता हुई। कृष्ण ने अपनी योगमाया शक्ति से नंद बाबा के अचानक गायब हो जाने की स्थिति को जान लिया। अत: वे सभी वृंदावनवासियों को धैर्य बँधाकर नंद बाबा की खोज में चल दिए। वे उसी

स्थान पर पहुँचे, जहाँ से वरुणदेव के सेवक नंद बाबा को बंदी बनाकर ले गए थे। उन्होंने शीघ्र ही वरुणलोक की ओर प्रस्थान किया। जब वे वरुणलोक पहुँचे तो वरुणदेव ने उन्हें करबद्ध होकर प्रणाम किया और अपने आसन पर बैठाकर उनकी विधिवत् पूजा-अर्चना की। इसके पश्चात् वरुणदेव ने क्षमा माँगते हुए कहा कि प्रभु, मुझे भली-भाँति ज्ञात है कि आप अपने धर्मपिता को लेने आए हैं, जिन्हें भूलवश मेरे सेवकों ने बंदी बना लिया और यहाँ ले आए।

वरुणदेव की बात सुनकर कृष्ण ने कहा कि इसमें तुम्हारे सेवकों का कोई दोष नहीं। नंद बाबा ने अनभिज्ञता के कारण स्नान हेतु यमुना के जल में प्रवेश किया था। इसके पश्चात् वरुणदेव को आशीर्वाद देकर और नंद बाबा को साथ लेकर वे वृंदावन लौट आए।

शंखासुर और अरिष्टासुर का संहार

अत्यंत वैभवपूर्ण और विलासी जीवन जीते रहने के कारण कुबेर के पार्षद शंखासुर की प्रवृत्ति असुरों की भाँति हो गई थी। मस्तक पर शंख धारण किए रहने के कारण ही उसे 'शंखासुर' कहा जाता था।

शिवरात्रि का उत्सव पूर्ण करने के पश्चात् जब वृंदावनवासी अंबिका वन से लौटने लगे तो मार्ग में उनका सामना शंखासुर से हो गया। वृंदावनवासियों के साथ सुंदर-सुंदर गोप-बालाओं को देखकर शंखासुर मदोन्मत्त हो उठा और उनका अपहरण कर अपने साथ ले जाने लगा। वह कुछ दूर ही चला था कि कृष्ण और बलराम ने उसे रोक लिया। उन्हें देखकर वह भयभीत हो उठा और वहाँ से भागने का प्रयास करने लगा; किंतु कृष्ण ने उसे भागने नहीं दिया। इसके पश्चात् उन्होंने शंखासुर का वध कर सभी को भयमुक्त किया और उसके मस्तक से शंखमणि को निकालकर बलराम को दे दी। फिर वे सभी सकुशल वृंदावन लौट आए।

एक दिन अरिष्टासुर नामक भयानक असुर साँड़ का रूप धारण कर वृंदावन में उत्पात मचाने लगा। वह वृक्षों को तोड़ने लगा और अपने उत्पात से लोगों

को भयभीत करने लगा। इस भयंकर स्थिति से वृंदावन में त्राहि-त्राहि मच गई। वे करुण स्वर में कृष्ण को इस विपत्ति से बचाने के लिए पुकारने लगे। भक्त पुकारें और प्रभु न आएँ, ऐसा कदापि नहीं हो सकता! उन्होंने वृंदावनवासियों को धीरज बँधाया। फिर वे अरिष्टासुर से बोले, "हे दुरात्मा! तुम लोगों को भयभीत क्यों कर रहे हो? यदि तुम्हें अपने बल पर अधिक गर्व है तो फिर मुझसे युद्ध करो।"

कृष्ण की ललकार सुनकर अरिष्टासुर भीषण गर्जना करता हुआ उनकी ओर लपका; किंतु कृष्ण ने उसके सींगों को पकड़ लिया और उसे घुमाकर दूर फेंक दिया। उसने सँभलकर फिर कृष्ण पर वार किया; किंतु इस बार उन्होंने उसे ऐसी पटकनी दी कि वह गर्जना करता हुआ मृत्यु के मुख में समा गया। अरिष्टासुर की मृत्यु के उपरांत सभी वृंदावनवासियों ने चैन की साँस ली।

कंस की क्रूर योजना

देवर्षि नारद इस तथ्य से भली-भाँति परिचित थे कि भगवान् विष्णु कृष्ण के रूप में पृथ्वी पर अवतरित हुए हैं और वे यह भी जानते थे कि उनका अवतरण पृथ्वी पर सत्य व धर्म की स्थापना के लिए हुआ है। किंतु वे यह कार्य शीघ्रातिशीघ्र संपन्न होते हुए देखना चाहते थे। अत: वे एक योजना के साथ कंस के यहाँ पहुँचे और उसे स्थिति की वास्तविकता से अवगत कराते हुए बोले, "राजन्, क्या तुम्हें विदित है कि भगवान् विष्णु पृथ्वीलोक पर अवतरित हो चुके हैं?"

"यह आप क्या कह रहे हैं, देवर्षि?" कंस चौंककर बोला।

"हाँ, मैं सत्य कह रहा हूँ।" नारद बोले, "भगवान् विष्णु ने आपकी प्रिय बहन देवकी के गर्भ से आठवीं संतान के रूप में जन्म लिया है।"

"नहीं देवर्षि!" कंस मुसकराते हुए बोला, "यह आपकी भूल है, क्योंकि देवकी के गर्भ से आठवीं संतान के रूप में पुत्र ने नहीं, अपितु एक कन्या ने जन्म लिया था।"

इसके पश्चात् देवर्षि नारद ने संपूर्ण घटना का विवरण कंस को कह

सुनाया। देवर्षि नारद के मुख से वास्तविकता सुनकर कंस का क्रोध आसमान छूने लगा। उसे विश्वास हो चला था कि हो-न-हो, वृंदावन में रहनेवाला बालक कृष्ण ही उसकी मृत्यु का कारण बनेगा। उसने विचार किया कि अभी तो कृष्ण बालक ही है, अतः क्यों न उसका वध अभी कर दिया जाए। यही सोचकर उसने अपने एक भयंकर असुर मित्र केशी को आमंत्रित किया।

जब केशी कंस के पास आया तो उसने उसे पूरी घटना विस्तार से कह सुनाई और अंत में बोला, ''केशी, तुम मेरे बहुत अच्छे मित्र हो और इस कृष्ण नामक विपत्ति से तुम ही मुझे मुक्ति दिला सकते हो।''

''ठीक है, मित्र'' कंस के कंधे पर हाथ रखते हुए केशी बोला, ''मैं शीघ्र ही उस बालक कृष्ण का वध करने के लिए वृंदावन जाऊँगा और तुम्हारा काल बननेवाले उस बालक को मृत्युलोक पहुँचाकर ही लौटूँगा।''

इसके पश्चात् कंस को निश्चिंत रहने की बात कहकर केशी ने वहाँ से प्रस्थान किया।

केशी कंस को सांत्वना देकर वहाँ से चला तो गया था, किंतु अभी भी उसके हृदय में भय बना हुआ था। वह विचार कर रहा था कि जब अल्पायु में ही कृष्ण ने पूतना, प्रलंबासुर, अघासुर और बकासुर जैसे शक्तिशाली असुरों को मृत्युलोक पहुँचा दिया तो संभव है कि वह केशी की भी वही दशा न कर दे। ऐसी स्थिति में उसने एक और योजना बनाई और उस योजना के कार्यान्वयन के लिए उसने अपने मित्र अक्रूर को बुलवाया।

अक्रूर यदुवंश से ही थे, किंतु कंस के साथ रहने के कारण उनकी उससे मित्रता हो गई थी। जब अक्रूर कंस के पास आए तो कंस ने उनसे कहा, ''प्रिय मित्र, मुझे तुम्हारी सहायता की अत्यंत आवश्यकता है।''

''ऐसी क्या विपत्ति आ गई है, राजन्?'' अक्रूर बोले, ''यदि मैं आपकी सहायता करने में सक्षम हूँ तो मैं अवश्य ही आपकी सहायता करूँगा।''

''वृंदावन में निवास करनेवाले नंद-यशोदा के पुत्र कृष्ण और बलराम मेरे परम शत्रु हैं।'' कंस चिंतित स्वर में बोला, ''उनके द्वारा ही मेरा विनाश

संभव है। अतः यदि उनका सर्वनाश हो जाए तो मेरा जीवन बच सकता है।''

''तो मेरे लिए क्या आज्ञा है?'' अक्रूर कंस की ओर देखते हुए बोले।

''मित्र, मैं मथुरा में मल्ल युद्ध का आयोजन करवा रहा हूँ, जिसमें विभिन्न राज्यों से मल्ल योद्धा भाग लेंगे। अतः तुम्हें कृष्ण-बलराम दोनों को किसी भी प्रकार मथुरा लेकर आना होगा। यहीं पर उनके वध की योजना को मूर्त रूप दिया जा सकता है।'' कंस बोला।

इसके पश्चात् कंस ने अक्रूर को कृष्ण और बलराम के वध की योजना बताई। योजना ज्ञात होने के पश्चात् अक्रूर वहाँ से चले गए।

उचित अवसर देखकर कंस ने अपने मल्ल योद्धाओं चाणूर, तोशली, शल, मुष्टिक आदि को आमंत्रित किया और उन्हें भी कृष्ण-बलराम के वध की योजना से अवगत कराया। फिर वह उनसे बोला, ''मेरे शक्तिशाली मल्ल योद्धाओ! बस, तुम्हें ऐसे मल्ल युद्ध का आयोजन करना है कि कृष्ण और बलराम किसी भी प्रकार से बच न पाएँ।''

''जो आज्ञा, महाराज!'' सभी मल्ल योद्धा समवेत स्वर में बोल उठे।

इस प्रकार कंस ने अपनी योजना को चारों ओर से सुदृढ़ बना लिया। वह कृष्ण और बलराम के वध के लिए प्रतिबद्ध था। वह यह सोचकर मन-ही-मन प्रसन्न था कि उसकी बनाई हुई यह सुदृढ़ योजना अवश्य ही सफल होगी।

केशी और व्योम असुरों का वध

कंस की आज्ञानुसार केशी नामक असुर भीषण गर्जना करता हुआ वृंदावन पहुँचा। वह एक बहुत ही शक्तिशाली और मायावी राक्षस था। उसने अपनी माया के बल पर एक विशाल अश्व का रूप धारण कर लिया था। धरती पर पड़ती उसकी टापों से ऐसा प्रतीत हो रहा था, जैसे वह धरती की छाती को फाड़ने के लिए उद्यत हो।

जब वृंदावनवासियों ने उसे देखा तो वे भयभीत हो उठे। कृष्ण तो ठहरे

अंतर्यामी, इसलिए वे उस असुर के वृंदावन में आने के मंतव्य को समझ गए। अतः वे उसके आतंक को रोकने के लिए उसके समक्ष आ डटे। कृष्ण को अपने समक्ष पाकर अश्वासुर पूरे वेग के साथ कृष्ण की ओर लपका, किंतु कृष्ण ने अश्वासुर के वार से स्वयं को बचा लिया। उसने पुनः कृष्ण पर वार किया तो उन्होंने अश्वासुर की टाँगों को बड़ी मजबूती से पकड़ लिया और उसे पूरे वेग से घुमाकर दूर पटक दिया। पृथ्वी पर गिरते ही उस अश्वासुर का प्राणांत हो गया। उसके अंत के साथ ही वृंदावनवासियों ने कृष्ण की जय-जयकार की।

एक दिन कृष्ण अपने मित्रों के साथ गोवर्धन पर्वत पर क्रीड़ामग्न थे। वे छिपने और फिर छिपे हुए मित्रों को ढूँढ़ने का खेल खेल रहे थे। उसी समय व्योम में विचरण करते एक असुर ने उन्हें क्रीड़ा करते देखा तो उनमें से एक बालक को अपना शिकार बनाने के लिए गोवर्धन पर्वत पर उतर आया। उसने अपनी माया के बल पर एक बालक का रूप धारण कर लिया और उन बालकों के साथ मिलकर खेलने लगा।

बालकों के बीच रूप बदलकर खेलनेवाला वह असुर कोई और नहीं, अपितु दैत्य मय का पुत्र व्योमासुर था। वह खेलते-खेलते बड़ी चतुराई से एक-एक कर बालकों को उठाकर ले जाने लगा और उन्हें गोवर्धन पर्वत की कंदराओं में छिपाने लगा।

कृष्ण ने व्योमासुर के छल को भाँप लिया, अतः उन्होंने उसे दबोच लिया। व्योमासुर ने कृष्ण के बंधन से मुक्त होने के लिए अपने शरीर का विस्तार करना आरंभ किया तो कृष्ण भी उसी अनुपात में अपने शरीर का विस्तार करने लगे। अब व्योमासुर कृष्ण के बंधन में छटपटाने लगा। अंततः कृष्ण ने उसे ऊपर उठा लिया और पूरे बल से उसे धरती पर पटक दिया। धरती पर गिरते ही उसका अंत हो गया।

व्योमासुर के अंत के पश्चात् कृष्ण ने उसके द्वारा गोवर्धन पर्वत की कंदराओं में छिपाए हुए मित्रों को ढूँढ़ा और फिर वे प्रसन्नतापूर्वक वापस वृंदावन लौट आए।

अक्रूर को दिव्य दर्शन

जैसाकि कंस ने अक्रूर को आदेश दिया था, उसके अनुसार अक्रूर कृष्ण और बलराम को मथुरा लाने के लिए वृंदावन की ओर चल दिए। यद्यपि वे महापापी और दुराचारी कंस के मित्र थे, तथापि उनके हृदय में भगवान् के प्रति आस्था भी अवश्य थी। वे यह बात भली-भाँति जान चुके थे कि कृष्ण ही भगवान् विष्णु के अवतार हैं और इसी कारण उन्होंने कंस द्वारा कृष्ण और बलराम को मल्ल युद्ध में आमंत्रित करने तथा एक अत्यंत क्रूर योजनानुसार उनका वध करने की योजना में किसी प्रकार का कोई प्रतिवाद न किया था।

जब अक्रूर वृंदावन पहुँचे, उस समय कृष्ण और बलराम गो-दोहन में व्यस्त थे। उन्होंने अक्रूर का भरपूर स्वागत-सत्कार किया।

कृष्ण यह भली प्रकार जानते थे कि अक्रूर दुष्ट कंस के संदेशवाहक के रूप में वृंदावन आए हैं, साथ ही वे इस बात से भी परिचित थे कि अक्रूर का हृदय निष्कपटता से भरा है और वे भगवान् के सच्चे भक्तों में से एक हैं। स्वागत-सत्कार के पश्चात् कृष्ण ने अक्रूर से मथुरा का समाचार पूछा।

अक्रूर ने बताया, "प्रभु, मथुरा में कुछ भी उचित घटित नहीं हो रहा है। दुष्ट कंस के अत्याचारों से प्रजा में हाहाकार मचा हुआ है। उसने अपने पिता और आपके माता-पिता को तो बंदीगृह में डाल ही दिया है, साथ ही अब वह मल्ल युद्ध का आयोजन करके उसमें आपको और आपके अग्रज बलराम को आमंत्रित कर वहाँ आप दोनों का वध करने की योजना बनाए हुए है।"

"पाप का घड़ा भर चुका है और अब कंस का अंत निकट है।" कृष्ण ने अक्रूर की ओर देखते हुए कहा, "बस, आपको थोड़ी सी प्रतीक्षा और करनी होगी।"

जब वृंदावन की गोपियों को पता चला कि अक्रूर के साथ कृष्ण और बलराम मथुरा जा रहे हैं तो वे व्याकुल हो उठीं और विभिन्न देवी-देवताओं से प्रार्थना करने लगीं कि वे किसी भी प्रकार से उनके प्रिय कृष्ण को उनसे विलग न करें। किंतु यह तो समय का आमंत्रण था, अतः प्रभु को जाना पड़ा।

कृष्ण, बलराम और अक्रूर वृंदावन से निकले तो उन्होंने अपना रथ यमुना नदी के तट पर रोक लिया और यमुना के पवित्र एवं पावन जल में उन्होंने स्नान किया। कृष्ण और बलराम के स्नान के पश्चात् अक्रूर भी यमुना में स्नान के लिए गए। जब अक्रूर ने जल में प्रवेश किया तो उन्होंने देखा कि उसके सामने कृष्ण और बलराम खड़े हुए हैं। वे सोचने लगे कि अभी तो वे उन दोनों को रथ में छोड़कर आए थे, अचानक यमुना के जल में कैसे आ गए? उन्होंने जल के बाहर निकलकर देखा तो पाया कि कृष्ण और बलराम रथ में ही बैठे हुए हैं। यह दृश्य देखकर अक्रूर आश्चर्यचकित रह गए। उन्होंने फिर जल में डुबकी लगाई तो देखा कि कृष्ण शेषनाग की शैया पर विराजमान हैं और अनेक देवता, गंधर्व व चारण उनकी स्तुति कर रहे हैं। अक्रूर प्रभु की लीला को समझ गए। उन्होंने करबद्ध होकर भगवान् श्रीविष्णु की वंदना की और फिर जल के बाहर आ गए।

स्नान करने के पश्चात् अक्रूर अपने रथ की ओर लौट आए। इस प्रकार प्रभु के दर्शन कर उनको बड़ा सुखद अनुभव हो रहा था। जब उन्होंने कृष्ण की ओर देखा तो उनके अधरों पर मोहक व मधुर मुसकान थी। उसके पश्चात् वे मथुरा की ओर चल दिए।

मथुरा में भ्रमण

शीघ्र ही श्रीकृष्ण और बलराम को लेकर अक्रूर मथुरा आ गए। अक्रूर ने उनसे अपने यहाँ ठहरने का अनुरोध किया; किंतु श्रीकृष्ण ने कहा कि जब वे मथुरा से अधर्म का नाश कर देंगे, तब अवश्य ही उनके यहाँ पधारेंगे। इसके पश्चात् अक्रूर उनके मथुरा आने की सूचना कंस को देने के लिए चले गए और श्रीकृष्ण एवं बलराम मथुरा नगरी को निहारने लगे। मार्ग में उन्हें एक धोबी मिला, जो उत्तमोत्तम वस्त्र लिये हुए था। श्रीकृष्ण और बलराम ने उससे वस्त्र माँगे तो उसने उन्हें न केवल वस्त्र देने से मना कर दिया, बल्कि देने उनका अपमान किया। इससे क्रोधित होकर श्रीकृष्ण ने उसकी गरदन धड़ से अलग कर दी। फिर वे राजसी वस्त्र धारण कर आगे बढ़ गए।

ऊँची-ऊँची एवं सुंदर अट्टालिकाओं को निहारते हुए श्रीकृष्ण और बलराम आगे बढ़ रहे थे कि मार्ग में उन्हें एक दर्जी मिला। उसने उन्हें अत्यंत सुंदर एवं मनोहारी वस्त्र तैयार करके दिए। उसकी भक्त-वत्सलता देखकर श्रीकृष्ण को अति प्रसन्नता हुई। उन्होंने दर्जी को विपुल संपत्ति का आशीर्वाद और मृत्योपरांत मोक्ष की प्राप्ति का वरदान दिया।

मथुरा नगरी का भ्रमण करते और अनेक भक्तों से भेंट करते हुए श्रीकृष्ण एवं बलराम उस स्थान पर पहुँचे, जहाँ कंस ने धनुर्यज्ञ का आयोजन किया था। इस विशेष प्रकार के यज्ञ के प्रतीक-स्वरूप यज्ञ की वेदी के निकट ही एक विशाल धनुष यज्ञ के लिए रखा गया था। वह धनुष आकाश में चमकते इंद्रधनुष के समान प्रतीत हो रहा था, जिसकी रक्षा के लिए कंस ने अनेक द्वारपालों एवं सैनिकों को नियुक्त किया था। जब श्रीकृष्ण और बलराम धनुष के निकट पहुँचे तो द्वारपालों और सैनिकों ने उन्हें उससे दूर रहने की चेतावनी दी; किंतु उनकी चेतावनी का श्रीकृष्ण और बलराम पर कोई प्रभाव नहीं पड़ा। अंततः श्रीकृष्ण ने धनुष को उठा लिया और उसकी प्रत्यंचा चढ़ा दी। वायुमंडल को कंपित करता हुआ वह धनुष विखंडित हो गया।

वह दृश्य देख धनुष के प्रधान रक्षक ने सैनिकों को श्रीकृष्ण और बलराम को पकड़ने का आदेश दिया। किंतु प्रभु के समक्ष किसका वश चल सकता है। क्षण भर में ही श्रीकृष्ण ने उपस्थित समस्त सैनिकों को मृत्युलोक पहुँचा दिया।

क्रूर कंस का वध

मथुरावासियों ने जब श्रीकृष्ण और बलराम के शौर्य को देखा तो वे आश्चर्यचकित हो उठे थे। श्रीकृष्ण द्वारा धनुर्भंग करने का दृश्य देखकर उन्हें अपनी आँखों पर विश्वास ही नहीं हो रहा था। उन्हें लगता था कि ये दोनों साधारण ग्वाल बाल हैं; किंतु उनका यह विचार असत्य सिद्ध हुआ। उनके हृदय में श्रीकृष्ण और बलराम के प्रति गहरी श्रद्धा एवं विश्वास पैदा हो गया था।

दूसरी ओर, जब कंस को श्रीकृष्ण द्वारा धनुर्भंग करने की सूचना मिली तो वह मन–ही–मन भयभीत हो उठा। उसे साक्षात् अपनी मृत्यु दिखाई देने लगी थी। किसी तरह कुपित विचारों के घेरे में उसकी रात व्यतीत हुई और जब प्रातःकाल हुआ तो वह मल्ल युद्ध के आयोजन में जुट गया। यद्यपि उसके मन में भय था, किंतु फिर भी उसे लगता था कि मल्ल युद्ध में कृष्ण और बलराम का वध हो ही जाएगा।

कंस उच्च श्रेणी के अपने सभासदों और मंत्रियों के साथ एक उच्च और सुंदर आसन पर विराजमान था। उसका संकेत पाकर मल्ल युद्ध की प्रतियोगिता का आरंभ हुआ। घोषणा सुनकर श्रीकृष्ण और बलराम दोनों ही मल्ल युद्ध की रंगभूमि की ओर चल दिए। रंगभूमि के द्वार पर कंस की योजनानुसार उसका सबसे शक्तिशाली हाथी कुवलयापीड खड़ा था। जब श्रीकृष्ण और बलराम रंगभूमि में प्रवेश करने लगे तो उसने उन पर आक्रमण कर दिया। किंतु श्रीकृष्ण ने उसकी सूँड़ पकड़कर उसे पटक दिया। श्रीकृष्ण के एक ही प्रहार से उसके प्राण–पखेरू उड़ गए।

कुवलयापीड का वध करने के पश्चात् श्रीकृष्ण और बलराम ने निर्विघ्न रंगभूमि में प्रवेश किया। मल्ल युद्ध आरंभ हो गया। चाणूर का मुकाबला श्रीकृष्ण से तो मुष्टिक का मुकाबला बलराम से हुआ। उनके मध्य घमासान युद्ध हुआ। चाणूर और मुष्टिक दोनों को ही मृत्युलोक गमन करना पड़ा और जो शेष मल्ल योद्धा थे, उनकी भी श्रीकृष्ण और बलराम ने वही दुर्गति की।

अपने अत्यंत शक्तिशाली मल्ल योद्धाओं का एक के बाद एक अंत देखकर कंस के होश उड़ गए। जब उसका कुछ वश न चला तो वह तलवार लेकर श्रीकृष्ण की ओर दौड़ा और पूरी शक्ति से उन पर प्रहार किया; किंतु श्रीकृष्ण ने बड़ी सावधानी से स्वयं को बचा लिया। श्रीकृष्ण ने कंस पर पाद प्रहार किया, जिससे वह भूमि पर गिर पड़ा। जब श्रीकृष्ण उसे खींचकर मल्ल युद्ध की रंगभूमि की ओर लाने लगे तो वह चीख–पुकार करने लगा; किंतु इससे अधिक वह अब कुछ भी करने में असहाय था। इसके पश्चात्

श्रीकृष्ण ने उसका अंत कर दिया।

कंस की मृत्यु के पश्चात् मथुरा के ब्राह्मणों, सुधीजनों और भगवद्भक्तों में प्रसन्नता की लहर दौड़ गई। इस प्रकार अन्याय, अत्याचार और अधर्म पर भगवान् श्रीकृष्ण के न्याय, धर्म और सदाचार की जीत हुई। इसके पश्चात् श्रीकृष्ण ने मथुरा के सिंहासन पर पुनः महाराज उग्रसेन को बैठा दिया और अपनी माता देवकी व पिता वसुदेव को बंदीगृह से मुक्त कराया।

महाभारत में श्रीकृष्ण

शकुनि जिस समय दुर्योधन, कर्ण और दु:शासन के साथ मिलकर महाभारत की पृष्ठभूमि तैयार कर रहा था, उस समय यदि वहाँ श्रीकृष्ण उपस्थित होते तो कदाचित् महाभारत का युद्ध न हुआ होता। यह सत्य है कि जब स्वार्थ का परदा आँखों पर गिर जाता है तो फिर कुछ भी उचित दिखाई देना बंद हो जाता है और दिखाई देता है तो केवल अहंकार। बस, इसी स्वार्थपूर्ण अहंकार के कारण महाभारत का युद्ध हुआ। यह युद्ध कौरवों और पांडवों के मध्य होनेवाला वह युद्ध है, जिसमें सत्य की असत्य पर और धर्म की अधर्म पर विजय का सापेक्ष वर्णन है।

कौरवों और पांडवों के मध्य भीषण युद्ध छिड़ गया, जिसमें श्रीकृष्ण ने कौरवों का प्रतिनिधित्व करनेवाले दुर्योधन को सैन्य सहायता दी तो स्वयं अर्जुन के सारथि बने। युद्ध में अपने बंधु-बांधवों को अपने समक्ष देखकर अर्जुन विचलित हो उठे। वे विचारने लगे कि वे अपने बंधुओं का रक्त कैसे बहा सकते हैं, इसलिए उन्होंने युद्ध करने का विचार त्याग दिया। अर्जुन को ऐसा करते देख श्रीकृष्ण ने उन्हें एक उपदेश दिया, जो संसार भर में 'गीता का उपदेश' के नाम से प्रसिद्ध है।

श्रीकृष्ण के नीतिपरक ज्ञान, ध्यान और सदाचार के उपदेशों से वीर धनुर्धर अर्जुन का मार्गदर्शन हुआ। अंततः अर्जुन का मोहभंग हुआ और महाभारत के युद्धस्थल में उनके गांडीव की टंकार गूँज उठी। अंततः श्रीकृष्ण

की जय हुई, पांडवों की जय हुई—अर्थात् धर्म और सत्य की जय हुई तथा पांडवों को उनका खोया हुआ राज्य मिल गया।

स्वलोक-गमन

महाराज युधिष्ठिर ने अश्वमेध यज्ञ की तैयारियाँ आरंभ कीं तो श्रीकृष्ण भी हस्तिनापुर आ गए। जब बड़ी कुशलता से अश्वमेध यज्ञ समाप्त हुआ तो श्रीकृष्ण वापस द्वारका लौट गए।

महाभारत युद्ध के पश्चात् श्रीकृष्ण निर्विघ्न 36 वर्षों तक द्वारका में रहे, किंतु इस अवधि में उनकी जाति के यादवों में अहंकार, द्वेष और मदिरापान इतना बढ़ गया था कि वे पतन की ओर अग्रसर होने लगे थे। यादव जाति के सर्वनाश का अनुमान इस तथ्य से लगाया जा सकता है कि उनमें केवल श्रीकृष्ण, बलराम, दारुक और सात्यकि ही शेष रह गए थे।

यादव जाति के सर्वनाश से बलराम को बहुत दुःख हुआ। अतः उन्होंने दुःखी होकर समुद्र के किनारे अपने प्राण त्याग दिए, जबकि श्रीकृष्ण ने दारुक को अर्जुन के पास भेज दिया और स्वयं वन की ओर चले गए। जब दारुक ने अर्जुन के समक्ष स्थिति स्पष्ट की तो अर्जुन तुरंत द्वारका चले आए और श्रीकृष्ण के परपोते वज्रनाभ को परिवार सहित हस्तिनापुर ले आए। इसके बाद अर्जुन ने श्रीकृष्ण के अधीन राज्य भी वज्रनाभ के नाम कर दिया।

जब श्रीकृष्ण योग समाधि में लीन थे, तभी एक शिकारी का तीर उनके पाँव में आ लगा। शिकारी ने निकट जाकर देखा तो उसे बड़ा दुःख हुआ कि उसने भूल से एक मनुष्य को अपना शिकार बना लिया। उसे अपनी भूल पर पश्चात्ताप हुआ और वह श्रीकृष्ण से क्षमायाचना करने लगा; किंतु श्रीकृष्ण ने उसे धीरज बँधाया। इसके पश्चात् वे शिकारी के देखते-ही-देखते स्वलोक की ओर गमन कर गए, जहाँ सभी देवी-देवताओं ने उनका भक्तिपूर्वक स्वागत किया।

अंतःकरण की प्रसन्नता

अपने अधीन किए हुए अंत:करणवाला साधक अपने वशीभूत की हुई और राग-द्वेष से रहित इंद्रियों द्वारा विषयों में विचरण करते हुए ही अंत:करण की प्रसन्नता को प्राप्त हो जाता है।

अंत:करण की प्रसन्नता होने पर उसके समस्त दु:खों का नाश हो जाता है और उस प्रसन्न चित्तवाले कर्मयोगी की बुद्धि शीघ्र ही सभी ओर से हटकर एक परमात्मा में ही भली प्रकार स्थिर हो जाती है।

—श्रीमद्भगवद्गीता

अध्याय-2, श्लोक-64 से 65 तक

अंतःकरण की वृत्तियाँ

जिस पुरुष के अंत:करण की वृत्तियाँ सुख-दु:ख, सर्दी-गरमी और मान-अपमान आदि में भली प्रकार शांत रहती हैं, ऐसे स्वाधीन आत्मावाले मनुष्य के ज्ञान में परब्रह्म परमात्मा सम्यक् प्रकार से स्थित रहता है।

जिस मनुष्य के अंत:करण की वृत्तियाँ ज्ञान-विज्ञान से तृप्त हैं, जिसकी स्थिति विकार-रहित है, जिसकी इंद्रियाँ भली प्रकार वश में की हुई हैं और जिसके लिए मिट्टी, पत्थर व स्वर्ण एक समान हैं, वह योगी (भगवान् से) युक्त कहा जाता है।

सुहृद्, मित्र, शत्रु, उदासीन, मध्यस्थ, द्वेष करनेवाला, बंधुओं, धर्मात्माओं और पापियों में समान भाव रखनेवाला अत्यंत श्रेष्ठ होता है।

—श्रीमद्भगवद्गीता

अध्याय-6, श्लोक-7 से 9

अज्ञानता का फल

सांसारिक जीव अज्ञानता के कारण ही शरीर में आत्मबुद्धि करके विभिन्न प्रकार की कामना करता है, फिर उनकी पूर्ति हेतु भिन्न-भिन्न प्रकार के कर्म करता है। इन्हीं के फलस्वरूप वह देवता, मनुष्य, पशु-पक्षी आदि ऊँची-

नीची योनियों में भटकता फिरता है और अपनी वास्तविक गति—आत्म-स्वरूप को नहीं पहचान पाता।

—श्रीमद्भागवत महापुराण, दशम स्कंध, अध्याय-28, श्लोक-13

अवतार लेने का प्रयोजन

पृथ्वी पर मेरे अवतार लेने का यही प्रयोजन है कि मैं धरती का बोझ हलका कर दूँ, साधु-सज्जनों की रक्षा करूँ और दुष्ट व दुर्जनों का संहार करूँ।

समय-समय पर धर्म की रक्षा के लिए और बढ़ते हुए अधर्म को रोकने के लिए मैं और भी अनेक शरीर ग्रहण करता हूँ।

—श्रीमद्भागवत महापुराण, दशम स्कंध अध्याय-50, श्लोक-9 से 10 तक

अवतार कथा का वर्णन (राजा मुचुकुंद से)

प्रिय मुचुकुंद! मेरे हजारों जन्म, कर्म और नाम हैं। वे अनंत हैं, इसलिए मैं भी उनकी गणना करके नहीं बता सकता। यह संभव है कि कोई पुरुष अपने अनेक जन्मों में पृथ्वी के छोटे-छोटे धूलकणों की गणना कर दे; किंतु मेरे जन्म, गुण, कर्म और नामों की कोई कभी किसी भी प्रकार गणना नहीं कर सकता।

सनक-सनंदन परम ऋषिगण मेरे त्रिकालसिद्ध नाम और कर्मों का वर्णन करते हैं, किंतु कभी उनका पार नहीं पाते। ऐसा होने पर भी मैं अपने वर्तमान जन्म, कर्म और नामों का वर्णन करता हूँ—पहले ब्रह्माजी ने मुझसे धर्म की रक्षा और पृथ्वी का भार बने हुए असुरों का संहार करने की प्रार्थना की थी।

ब्रह्माजी की प्रार्थना पर मैंने यदुकुल में वसुदेवजी के यहाँ अवतार लिया। अब मैं वसुदेवजी का पुत्र हूँ, अतः लोग मुझे 'वासुदेव' कहते हैं। मैं अब तक कंस रूप में उत्पन्न हुए असुर कालनेमि और प्रलंब आदि अनेक साधुद्रोही असुरों का संहार कर चुका हूँ। कालयवन मेरी ही प्रेरणा से तुम्हारी

तीक्ष्ण दृष्टि पड़ते ही भस्म हो गया।

राजन्! मैं तुम्हारे ऊपर कृपा करने के लिए ही इस गुफा में आया हूँ। पहले तुमने मेरी बहुत आराधना की है और मैं भक्त-वत्सल हूँ। अतः तुम्हारी जो भी इच्छा हो, वह मुझसे माँग लो। मैं तुम्हारी सभी कामनाएँ पूर्ण कर दूँगा। जो मनुष्य मेरी शरण में आ जाता है, उसके लिए ऐसा कुछ भी शेष नहीं रहता, जिसके लिए वह शोक करे।

—श्रीमद्भागवत महापुराण, दशम स्कंध, अध्याय-51, श्लोक-37 से 44 तक

अहेतुक कृपा

मैं जिस पर कृपा करता हूँ, उसका सारा दुःख धीरे-धीरे हर लेता हूँ। जब वह निर्धन हो जाता है तो उसके सगे-संबंधी दुःख से व्याकुल उसके चित्त की चिंता न करते हुए उसका त्याग कर देते हैं। जब वह धनोपार्जन के लिए उद्योग करने लगता है, तब मैं उसका वह उद्योग भी निष्फल कर देता हूँ। अंततः बार-बार असफल होने पर जब धनोपार्जन करने से उसका मन विरक्त हो उठता है और वह उस ओर से अपना मुख मोड़ लेता है, जब वह मेरे प्रेमी भक्तों का आश्रय लेकर मेल-जोल बढ़ाने लगता है, तब मैं उस पर अपनी अहेतुक कृपा की वर्षा करता हूँ।

मेरी कृपा से ही परम सूक्ष्म अनंत सच्चिदानंद-स्वरूप परब्रह्म की प्राप्ति होती है। मेरी प्रसन्नता, मेरी आराधना बहुत कठिन है। इसी कारण साधारण लोग मुझे छोड़कर मेरे ही दूसरे रूप यानी अन्य देवताओं की आराधना करते हैं। दूसरे देवता आशुतोष (शिव) हैं। वे अतिशीघ्र पिघल जाते हैं और अपने भक्तों को साम्राज्य-लक्ष्मी प्रदान करने में विलंब नहीं करते। उसे पाकर वे प्रभावी और उच्छृंखल हो जाते हैं और वर-प्राप्ति न करनेवाले देवताओं को विस्मृत कर उनका तिरस्कार करने लगते हैं।

—श्रीमद्भागवत महापुराण, दशम स्कंध, अध्याय-88, श्लोक-8 से 11 तक

अभिन्न भाव

बाहरी विषयों में आसक्ति-रहित अंत:करणवाला साधक आत्मा में स्थित ध्यान-रहित आनंद को प्राप्त करता है। परब्रह्म परमात्मा को ध्यान-रूपी योग में अभिन्न भाव में स्थित पुरुष अक्षय आनंद का अनुभव करता है।

—श्रीमद्‌भगवद्‌गीता
अध्याय-5, श्लोक-21

आत्मा और माया के भेद

मैं सबका उपादान कारण होने से सबकी आत्मा हूँ और सभी में अनुगत हूँ। इसी कारण मुझसे कभी भी तुम्हारा (गोपियों का) वियोग नहीं हो सकता। संसार के सभी भौतिक पदार्थों में जिस प्रकार आकाश, वायु, जल, अग्नि और पृथ्वी आदि पंचभूत व्याप्त हैं, उन्हीं से सभी वस्तुएँ बनी हैं और यही उन वस्तुओं के रूप में हैं। उसी प्रकार मैं मन, प्राण, पंचभूत, इंद्रियों और उनके विषयों का आश्रय हूँ। वे मुझमें हैं और मैं उनमें हूँ। सच मानो, मैं ही उनके रूप में प्रकट हो रहा हूँ।

मैं ही अपनी माया के द्वारा भूत, इंद्रियों और उनके विषयों के रूप में प्रकट होकर उनका आश्रय बन जाता हूँ और स्वयं निमित्त भी बनकर अपने आपको ही रचता हूँ, पालता हूँ और समेट लेता हूँ।

आत्मा माया और माया के कार्यों से पृथक् है। यह विशुद्ध ज्ञान-स्वरूप, जड़ प्रकृति और अनेक जीव एवं अपने ही अवांतर भेदों से सर्वथा शुद्ध है। कोई भी गुण उसका स्पर्श नहीं कर पाते। माया की तीन वृत्तियाँ हैं—सुषुप्ति, स्वप्न और जाग्रत्। इनके द्वारा वही अखंड, अनंत बोध-स्वरूप आत्मा कभी प्राज्ञ तो कभी तेजस और कभी विश्व रूप से प्रकट होती है।

—श्रीमद्‌भागवत महापुराण, दशम स्कंध,
अध्याय-47, श्लोक-29 से 31 तक

आत्मा की प्रकृति

आत्मा एक ही है, किंतु वह अपने में ही गुणों का सृजन कर लेती है और गुणों के द्वारा सृजित पंचमहाभूतों के एक होने पर भी अनेक, स्वयंप्रकाश होने पर भी दृश्य, अपना स्वरूप होने पर भी अपने से भिन्न, नित्य होने पर भी अनित्य और निर्गुण होने पर भी सगुण के रूप में प्रतीत होता है।

पृथ्वी, जल, अग्नि, वायु और आकाश—ये पंच महाभूत जिस प्रकार अपने कार्य घट, कुंडल आदि में प्रकट-अप्रकट, छोटे-बड़े, कम-अधिक और एक-अनेक से प्रतीत होते हैं, वास्तव में सत्ता रूप से ये एक ही होते हैं, उसी प्रकार आत्मा में भी उपाधियों के भेद से अनेकत्व की प्रतीति होती है।

—श्रीमद्भागवत महापुराण, दशम स्कंध,
अध्याय-85, श्लोक-24 से 25 तक

आत्मा—उपदेशक गुरु

समस्त प्राणियों की, विशेषकर मनुष्य की, आत्मा अपने हित और अहित का उपदेशक गुरु है, क्योंकि मनुष्य अपने प्रत्यक्ष अनुभव और अनुमान के द्वारा अपने हित-अहित का निर्णय करने में पूर्णतया समर्थ है।

—श्रीमद्भागवत महापुराण, एकादश स्कंध,
अध्याय-7, श्लोक-20

आत्मा और शरीर

ज्ञान के जिज्ञासु का परम धन आत्मा है। अतः वह स्त्री, पुत्र, गृह, खेत, स्वजन और धन आदि समस्त पदार्थों में एक समान को देखे। किसी भी पदार्थ में कोई विशेष गुण देखकर उससे मोह न करे, बल्कि उदासीन रहे।

जिस प्रकार जलनेवाली लकड़ी से उसे जलाने और प्रकाशित करनेवाली आग सर्वथा भिन्न है, ठीक उसी प्रकार विचार करने पर ज्ञात होता है कि पंचभूतों से बना स्थूल शरीर और मन-बुद्धि आदि सत्रह तत्त्वों का बना सूक्ष्म

शरीर—दोनों ही दृश्य और जड़ हैं। इन्हें प्रकाशित करने और जाननेवाली आत्मा साक्षी एवं स्वयंप्रकाश है। शरीर अनित्य, अनेक एवं जड़ है; जबकि आत्मा नित्य, एक एवं चेतन है। स्पष्टतः शरीर की अपेक्षा आत्मा विलक्षण है और शरीर से सर्वथा भिन्न है।

लकड़ी में जब अग्नि प्रज्वलित होती है तो लकड़ी की उत्पत्ति, विनाश और छोटी-बड़ी जैसी विभिन्नता आदि गुण वह स्वयं ग्रहण कर लेती है; लेकिन लकड़ी के इन गुणों से अग्नि का कोई संबंध नहीं है। इसी प्रकार जब आत्मा स्वयं को शरीर मान लेती है तो वह शरीर की जड़ता, अनित्यता, स्थूलता और अनेक ऐसे गुणों से रहित होने पर भी उनसे युक्त प्रतीत होती है।

ईश्वराधीन माया के गुणों ने ही सूक्ष्म और स्थूल शरीर का निर्माण किया है। प्राणी को शरीर और शरीर को प्राणी समझ लेने के कारण ही स्थूल शरीर के जन्म-मृत्यु और सूक्ष्म शरीर के आवागमन का आरोप आत्मा पर किया जाता है। प्राणी को जन्म-मृत्यु रूपी संसार इसी भ्रम के कारण प्राप्त होता है। आत्मा के स्वरूप का ज्ञान होते ही इसकी जड़ कट जाती है।

इस जन्म-मृत्यु रूपी संसार का मूल कारण अज्ञान है, इसके अलावा कोई अन्य कारण नहीं है। अतः अपने वास्तविक स्वरूप को, आत्मा को जानने की जिज्ञासा बनाए रखनी चाहिए। अपना यह वास्तविक स्वरूप समस्त प्रकृति और प्राकृत जगत् से अतीत, द्वैत की गंध से रहित और स्वयं में ही स्थित है। इसका कोई अन्य आधार नहीं है। इसे जानकर ही धीरे-धीरे स्थूल एवं सूक्ष्म शरीर में जो सत्यत्व बुद्धि हो रही है, उसे क्रमशः मिटा देना चाहिए।

—श्रीमद्भागवत महापुराण, एकादश स्कंध,
अध्याय-10, श्लोक-7 से 11

आत्मा और जीव में विभेद

कदाचित् यदि कर्मों के कर्ता एवं सुख-दुःख के भोक्ता जीवों को

अनेक और जगत्, काल, वेद एवं आत्माओं को नित्य माना जाए, साथ ही समस्त पदार्थों की स्थिति प्रवाह से नित्य व यथार्थ मानी जाए और यह समझा जाए कि घट-घट आदि बाह्य आकृतियों के भेद से उनके अनुसार ज्ञान ही उत्पन्न होता है और बदलता रहता है, तब इस प्रकार मत के मानने से बड़ा अनर्थ होगा। इस स्थिति में जगत् के कर्ता आत्मा की नित्य सत्ता और जन्म-मृत्यु से मुक्ति भी सिद्ध नहीं होगी। कदाचित् यदि ऐसा स्वीकार कर भी लिया जाए तो शरीर और संवत्सर आदि कालावयवों के संबंध से होनेवाली जीवों की जन्म-मृत्यु आदि अवस्थाएँ भी नित्य होने के कारण दूर न हो सकेंगी, क्योंकि शरीर आदि पदार्थ और काल-नित्यता स्वीकार कर ली गई है। इसके अलावा, यहाँ भी कर्मों का कर्ता और सुख-दु:ख का भोक्ता प्राणी परतंत्र ही दिखाई पड़ता है। यदि वह स्वतंत्र हो तो दु:ख का फल क्यों भोगना चाहेगा? इस तरह सुख-भोग की समस्या सुलझ जाने पर भी दु:ख-भोग की समस्या उलझी ही रहेगी। इस मत के अनुसार जीव को कभी मुक्ति प्राप्त नहीं हो सकेगी। जब प्राणी स्वरूपत: परतंत्र है, तब वह स्वार्थ या परमार्थ दोनों से वंचित हो जाएगा।

—श्रीमद्भागवत महापुराण, एकादश स्कंध,
अध्याय-10, श्लोक-14 से 17 तक

आत्मा की अनेकता का आभास

जब तक गुणों की विषमता है, अर्थात् शरीर में मैं और मेरेपन का अभिमान है, तब तक आत्मा के एकत्व की अनुभूति नहीं होती, वह अनेक प्रतीत होता है। और जब तक आत्मा की अनेकता है, तब तक उन्हें काल और कर्म आदि के ही अधीन रहना पड़ता है। जब तक परतंत्रता है, तब तक ईश्वर से भय बना रहता है। जो मनुष्य मैं और मेरेपन की भावना से आत्मा की अनेकता और परतंत्रता आदि मानते हैं और वैराग्य ग्रहण करके बहिर्मुखी कर्म करते हैं, वे क्षोभ और मोह को प्राप्त करते हैं। जब माया के गुणों में क्षोभ होता है, तब मुझ आत्मा को ही काल, प्राणी, वेद, लोक, स्वभाव और

धर्म आदि अनेक नामों से निरूपित करने लगते हैं।

—श्रीमद्भागवत महापुराण, एकादश स्कंध, अध्याय-10, श्लोक-32 से 34 तक

आत्मज्ञान और अविद्या

आत्मा बद्ध है या मुक्त, ऐसी व्याख्या मेरे अधीन रहनेवाले सत्त्व आदि गुणों की उपाधि से ही होती है, वास्तविक तत्त्व दृष्टि से नहीं। सभी गुण मायामूलक हैं, अत: न मेरा मोक्ष है और न ही मेरा बंधन है। स्वप्न जिस प्रकार बुद्धि का विवर्त है, मिथ्या है, उसी प्रकार मोह-शोक, सुख-दु:ख, जन्म-मृत्यु आदि सब सांसारिक झंझट अविद्या (माया) के कारण प्रतीत होते हुए भी वास्तविक नहीं हैं।

देहधारियों को मुक्ति का अनुभव करानेवाला आत्मज्ञान और बंधन का अनुभव करानेवाली अविद्या—दोनों ही मेरी अनादि शक्तियाँ हैं। मेरी माया से ही इनका सृजन हुआ है। इनका वास्तविक अस्तित्व नहीं है।

—श्रीमद्भागवत महापुराण, एकादश स्कंध, अध्याय-11, श्लोक-1 से 3 तक

आत्मा की नित्यता

मैं किसी काल में नहीं था, ऐसा नहीं है। तुम अथवा अन्य राजा किसी काल में नहीं थे, ऐसा भी नहीं है और इससे आगे भी हम सब नहीं रहेंगे, ऐसा भी बिलकुल नहीं है।

—श्रीमद्भगवद्गीता अध्याय-2, श्लोक-12

जो व्यक्ति आत्मा को मारनेवाला समझता है और जो इसे मरा हुआ मानता है, वे दोनों ही इसे नहीं जानते हैं। वास्तव में, यह आत्मा न तो किसी को मारती है और न ही किसी के द्वारा मारी जाती है।

आत्मा किसी भी काल में न तो जन्म लेती है और न ही मरती है तथा न

यह उत्पन्न होकर पुन: होने वाला है। यह अजन्मी, नित्य, सनातन और पुरातन है। यह शरीर के मारे जाने के बाद भी नहीं मरती।

जो मनुष्य आत्मा को नाश-रहित, नित्य, अजन्मी और अव्यय जानता है, वह किस तरह किसी को मरवाता है तथा किस तरह किसी को मार सकता है?

मनुष्य जिस प्रकार पुराने वस्त्रों को त्यागकर दूसरे नए वस्त्र धारण करता है, उसी प्रकार जीवात्मा भी पुराने शरीरों को त्यागकर दूसरे नए शरीरों को प्राप्त कर लेती है।

आत्मा को न शस्त्र काट सकते हैं, न अग्नि जला सकती है, न जल गला सकता है और न वायु सुखा सकती है।

आत्मा में न तो छेद किया जा सकता है, न इसे जलाया जा सकता है, न गलाया जा सकता है और न ही इसे सुखाया जा सकता है। वास्तव में यह नित्य, सर्वव्यापी, अचल, स्थिर रहनेवाली और सनातन है।

आत्मा अव्यक्त, अचिंत्य और विकार-रहित है। इस प्रकार, आत्मा को ठीक तरह से जानकर शोक नहीं करना चाहिए।

यदि आत्मा को सदा जन्म लेनेवाली और मृत्यु को प्राप्त होनेवाली मानते हो, तो भी शोक करने योग्य नहीं है। इसका कारण यह है कि जन्म लेनेवाले की मृत्यु निश्चित है और मृत्यु को प्राप्त होनेवाले का जन्म निश्चित है। इसी कारण इस निरुपाय वाले विषय में शोक नहीं करना चाहिए।

समस्त प्राणी अपने जन्म में पहले अप्रकट थे और मृत्यु के बाद भी अप्रकट हो जाने वाले हैं, केवल बीच के काल में ही प्रकट होते हैं। ऐसी स्थिति में शोक करना उचित नहीं है।

आत्मा को एक महापुरुष आश्चर्य की भाँति देखता है तो कोई दूसरा महापुरुष इसके तत्त्व का आश्चर्य की भाँति वर्णन करता है और अन्य कोई अधिकारी पुरुष ही इसे आश्चर्य की भाँति सुनता है तथा कोई इसका वर्णन सुनकर भी इसे नहीं जानता।

आत्मा सभी प्राणियों के शरीर में सदैव ही अवध्य है। अतः समस्त

प्राणियों के लिए तुम्हारा शोक करना उचित नहीं है।

—श्रीमद्‌भगवद्‌गीता

अध्याय-2 और श्लोक-19 से 30 तक

आश्रम-1. ब्रह्मचर्य

पूर्ण ब्रह्मचर्य का पालन करना चाहिए। कभी भी स्वयं वीर्यपात नहीं करना चाहिए और यदि स्वप्न में वीर्य-स्खलन हो जाए तो जल में स्नान करके प्राणायाम और गायत्री मंत्र का जाप करना चाहिए।

ब्रह्मचारी को पवित्रता के साथ एकाग्रचित्त होकर अग्नि, सूर्य, आचार्य, गाय, ब्राह्मण, गुरु, वृद्धजन और देवताओं की उपासना करनी चाहिए। सायंकाल और प्रातःकाल मौन होकर संध्योपासना और गायत्री मंत्र का जाप करना चाहिए। 26

आचार्य को मेरा ही स्वरूप समझना चाहिए और कभी उनका तिरस्कार नहीं करना चाहिए। उन्हें साधारण मनुष्य समझकर दोष-दृष्टि नहीं करनी चाहिए, क्योंकि गुरु सर्वदेवमय होता है।

सायंकाल और प्रातःकाल भिक्षा में जो कुछ भी मिले, उसे लाकर गुरुदेव के सामने रख देना चाहिए। इसके बाद उनकी आज्ञा के अनुसार बड़े संयम से भिक्षा का यथोचित उपयोग करना चाहिए।

गुरुदेव के साथ चलते हुए उनके पीछे चलना चाहिए। उनके सो जाने के बाद बड़ी सावधानीपूर्वक उनसे थोड़ी दूरी पर सोना चाहिए। गुरुदेव यदि लेटे हों तो उनके चरण दबाने चाहिए और यदि बैठे हों तो करबद्ध होकर उनके पास ही आदेश की प्रतीक्षा में बैठना चाहिए। जब तक विद्याध्ययन पूर्ण न हो, तब तक सभी प्रकार के भोगों से दूर रहना चाहिए और गुरुकुल में निवास करते हुए कभी भी अपना ब्रह्मचर्य खंडित नहीं होने देना चाहिए।

यदि ब्रह्मचारी का विचार हो कि मैं मूर्तिमान वेदों के निवास-स्थान ब्रह्मलोक" जाऊँ तो उसे आजीवन नैष्ठिक ब्रह्मचर्य व्रत का पालन करना चाहिए। उसे वेदों के स्वाध्याय के लिए अपना पूरा जीवन आचार्य की सेवा

में लगाना चाहिए। ऐसा ब्रह्मचारी वास्तव में ब्रह्मतेज से संपन्न हो जाता है और उसके समस्त पाप नष्ट हो जाते हैं। उसे अग्नि, गुरु, अपने शरीर और समस्त प्राणियों में मेरी ही उपासना करनी चाहिए। मन में यह भावना रखनी चाहिए कि मेरे और सबके हृदय में एक ही परमात्मा का वास होता है।

ब्रह्मचारी, वानप्रस्थ और संन्यासी को स्त्रियों को देखने, स्पर्श करने, उनसे बातचीत करने या हँसी-मजाक करने से दूर रहना चाहिए और मैथुनरत प्राणियों पर दृष्टिपात तक नहीं करना चाहिए।

शौच, आयमन, स्नान, संध्योपासना, तीर्थसेवा, सरलता, जप, सभी प्राणियों में मुझे ही देखना, मन, वाणी और शरीर का संयम आदि नियम ब्रह्मचारी, गृहस्थ और संन्यासी सभी के लिए एक समान हैं। अस्पृश्यों को स्पर्श न करना, अभक्ष्य वस्तुओं को न खाना और जिनसे बोलना नहीं चाहिए, उनसे न बोलना आदि नियम सबके लिए एक समान हैं।

नैष्ठिक ब्रह्मचारी ब्राह्मण ब्रह्मचर्य के नियमों का पालन करने से अग्नि के समान तेजस्वी हो जाता है। तपस्या के कारण उसके कर्म-संस्कार भस्म हो जाते हैं। उसका अंतःकरण शुद्ध हो जाता है और वह मेरा भक्त मुझे प्राप्त कर लेता है।

—श्रीमद्‌भागवत महापुराण, एकादश स्कंध, अध्याय-17, श्लोक-25 से 36 तक

आश्रम-2. गृहस्थ

यदि नैष्ठिक ब्रह्मचर्य ग्रहण करने की इच्छा न हो और गृहस्थ आश्रम में प्रवेश की इच्छा हो तो विधिपूर्वक वेदाध्ययन पूर्ण करके और आचार्य को दक्षिणा देते हुए उनकी आज्ञा लेकर समावर्तन संस्कार कराना चाहिए। इसके बाद स्नातक बनकर ब्रह्मचर्य आश्रम छोड़ देना चाहिए।

ब्रह्मचर्य आश्रम के बाद गृहस्थ या वानप्रस्थ आश्रम में प्रवेश करना चाहिए। यदि ब्राह्मण हो तो वह ब्रह्मचारी संन्यास भी ले सकता है अथवा उसे चाहिए

कि यह क्रमशः एक आश्रम से दूसरे आश्रम में प्रवेश करे। मेरा आज्ञाकारी भक्त बिना आश्रम के न रहे और न ही विपरीत क्रम से आश्रम-परिवर्तन करते हुए स्वेच्छाचार में प्रवृत्त हो।

यदि ब्रह्मचारी को गृहस्थाश्रम में प्रवेश करना हो तो अपने अनुरूप और शास्त्रोक्त लक्षणों से संपन्न कुलीन कन्या से विवाह करना चाहिए। कन्या अपने से छोटी और अपने ही वर्ण की होनी चाहिए। यदि कामवश अन्य वर्ण की कन्या से विवाह करना हो तो अपने से निम्न वर्ण की कन्या से विवाह करना चाहिए।

यज्ञादि, अध्ययन और दान करने का अधिकार ब्राह्मण, क्षत्रिय और वैश्य को समान रूप से है; परंतु दान लेने, पढ़ाने और यज्ञ कराने का अधिकार केवल ब्राह्मण को है। ब्राह्मण को इन तीनों वृत्तियों में प्रतिग्रह अर्थात् दान लेने की वृत्ति को तप, तेज और यश का नाश करनेवाली समझकर पढ़ाने और यज्ञ कराने के द्वारा ही जीवन-निर्वाह करना चाहिए। यदि इन दोनों में दोष-दृष्टि, परावलंबन, दीनता और दोष दिखाई देते हों तो अन्न काटने के बाद खेतों में पड़े दाने बीनकर ही जीवन-निर्वाह करना चाहिए।

—श्रीमद्भागवत महापुराण, एकादश स्कंध,
अध्याय-17, श्लोक-37 से 41 तक

गृहस्थ मनुष्य को चाहिए कि वेदाध्ययन रूपी ब्रह्मयज्ञ, तर्पण रूपी पितृयज्ञ, हवन रूपी देवयज्ञ, काकबालि आदि भूतयज्ञ और अन्नदान रूपी अतिथि यज्ञ आदि के द्वारा मेरे स्वरूपभूत ऋषि, देवता, पितर, मनुष्य एवं अन्य समस्त प्राणियों की यथाशक्ति सेवा-पूजा करनी चाहिए।

अनायास प्राप्त अथवा शास्त्रोक्त रीति से उपार्जित किए हुए धन से गृहस्थ मनुष्य को अपने भृत्यों, आश्रितों और प्रजाजनों को किसी प्रकार की पीड़ा न पहुँचाते हुए न्याय और विधि के अनुसार यज्ञ करना चाहिए।

गृहस्थ मनुष्य को परिवार में आसक्त नहीं होना चाहिए। बड़ा परिवार होने पर भी भजन-पूजन में प्रमाद नहीं करना चाहिए। बुद्धिमान मनुष्य को

समझना चाहिए कि इस संसार की सभी वस्तुएँ नाशवान् हैं, उसी प्रकार स्वर्ग आदि परलोक के भोग भी नाशवान् हैं।

पत्नी, पुत्र, भाई-बंधु और गुरुजनों का मिलना-जुलना उसी प्रकार है, जिस प्रकार प्याऊ पर कुछ बटोही एकत्र हो गए हों, जिनके रास्ते अलग-अलग हों। जिस तरह स्वप्न नींद टूटने तक ही रहता है, उसी तरह इन मिलने-जुलनेवालों का संबंध भी शरीर रहने तक ही रहता है।

गृहस्थ को गृहस्थी के मोह में नहीं फँसना चाहिए। उसे अनासक्त भाव से इस प्रकार रहना चाहिए जैसे कोई अतिथि रहता हो। जो गृहस्थ शरीर आदि में अहंकार और घर आदि से मोह नहीं करता, उसे घर-गृहस्थी के फंदे नहीं बाँध सकते हैं।

भक्तिमान पुरुष गृहस्थोचित शास्त्रोक्त कर्मों के द्वारा मेरी आराधना करता हुआ घर में ही रहे अथवा पुत्रवान् हो तो वानप्रस्थ आश्रम ग्रहण कर ले या संन्यास आश्रम में चला जाए।

जो मनुष्य घर-गृहस्थी के मोह में आसक्त हो जाते हैं; पत्नी, पुत्र और धन की कामनाओं में फँसकर कराहते रहते हैं; मूर्खतावश स्त्री-लंपट और कृपण होकर मैं-मेरे के चक्कर में पड़ जाते हैं, वे सोचते हैं कि मेरे माँ-बाप बूढ़े हो गए हैं, पुत्र-पुत्रियाँ अभी छोटे हैं—मेरे न रहने पर ये दीन, अनाथ और दुःखी होंगे। फिर इनका जीवन-यापन कैसे होगा?

घर-गृहस्थी की वासना से जिसका मन विक्षिप्त हो रहा हो, वह मूढ़ मनुष्य विषय-भोगों से कभी तृप्त नहीं होता। वह उन्हीं भोगों में उलझकर अपना जीवन खो बैठता है और मृत्यु के बाद घोर तपोमय नरक में जाता है।

—श्रीमद्भागवत महापुराण, एकादश स्कंध, अध्याय-17, श्लोक-50 से 58 तक

आश्रम-3. वानप्रस्थ

यदि कोई गृहस्थ मनुष्य वानप्रस्थ आश्रम में जाना चाहे तो अपनी पत्नी को या तो अपने पुत्रों की जिम्मेदारी में सौंप दे या फिर अपने साथ ही ले जाए

और शांत चित्त होकर आयु का तीसरा भाग वन में व्यतीत करे। उसे वन के कंद-मूल और फलों से ही शरीर का निर्वाह करना चाहिए। वह वस्त्रों की जगह वृक्षों की छाल, घास-पात या मृगछाला का उपयोग करे।

वानप्रस्थी अपने केश, रोएँ, नख और मूँछ-दाढ़ी आदि शरीर के मल को न हटाए; दातुन न करे। जल में घुसकर त्रिकाल स्नान करे और धरती पर ही शयन करे। ग्रीष्म ऋतु में पंचाग्नि तप करे, वर्षा ऋतु में खुले मैदान में वर्षा की बौछार सहन करे और शीत ऋतु में कंठ तक जल में डूबा रहे।

वानप्रस्थी कंद-मूल को केवल अग्नि में भूनकर खा ले या समयानुसार पके हुए फलों से ही काम चलाए। यदि उन्हें कूटने की आवश्यकता हो तो ओखली में या सिल पर कूट ले या फिर चबा-चबाकर खाए। कौन सा पदार्थ कहाँ से और किस समय लाना चाहिए, कौन-कौन से पदार्थ अपने अनुकूल हैं—इन सभी बातों को भली प्रकार जानकर अपने जीवन-यापन के लिए स्वयं ही सब प्रकार के कंद-मूल और फल आदि ले जाए। देशकाल आदि से अनभिज्ञ लोगों के लाए हुए या दूसरे समय के संचित पदार्थों का उपयोग न करे।

नीवार आदि जंगली अन्न से चरु-पुरोडाश आदि तैयार करे और उन्हीं से समायोजित आग्रसण आदि वैदिक कार्य करे। वानप्रस्थी हो जाने के बाद वेद विहित पशुओं द्वारा मेरा यजन न करे। वेदवेत्ताओं ने वानप्रस्थी के लिए अग्निहोत्र, दर्श, पौर्णमास और यातुर्मास आदि का उसी प्रकार विधान किया है, जिस प्रकार गृहस्थों के लिए किया गया है।

घोर तप करते-करते वानप्रस्थी के शरीर का मांस सूख जाने के कारण एक-एक नस दिखाई देने लगती है। तप द्वारा मेरी आराधना करके वह पहले ऋषि-लोक में जाता है, वहाँ से फिर मेरे पास आता है; क्योंकि तप मेरा ही स्वरूप है। जो मनुष्य बड़े कष्ट से किए हुए और मोक्ष प्रदान करनेवाले इस महान् तप को स्वर्गलोक, ब्रह्मलोक आदि छोटे-छोटे फलों की प्राप्ति के लिए करता है, उससे बढ़कर मूर्ख कोई नहीं होगा। अतः तप का अनुष्ठान निष्काम भाव से ही करना चाहिए।

जब वानप्रस्थी अपने आश्रमोचित नियमों का पालन करने में असमर्थ हो जाए, वृद्धावस्था के कारण उसका शरीर काँपने लगे, तब यज्ञाग्नियों को भावना द्वारा अपने अंत:करण में आरोपित कर ले और मुझमें मन लगाकर अग्नि में प्रवेश कर जाए।

—श्रीमद्भागवत महापुराण, एकादश स्कंध, अध्याय-18, श्लोक-1 से 11 तक

आश्रम-4. संन्यास

वानप्रस्थी की समझ में यदि यह बात आ जाए कि काम्य कर्मों के फल-स्वरूप जो लोक प्राप्त होते हैं, वे नरकों के समान दु:खद हैं और मन में लोक-परलोक से पूरा वैराग्य हो जाए तो विधि के अनुसार यज्ञाग्नियों का परित्याग करके संन्यास ग्रहण कर लेना चाहिए।

जो वानप्रस्थी संन्यास ग्रहण करना चाहे, वह पहले वेद-विधि के अनुसार आठ प्रकार के श्राद्ध प्राजापात्य यज्ञ करके मेरा यजन करे। इसके बाद अपना सर्वस्व ऋत्विज को देकर यज्ञाग्नियों को अपने प्राणों में लीन कर ले, फिर किसी भी स्थान, वस्तु और व्यक्तियों की अपेक्षा न रखकर स्वच्छंद विचरण करना चाहिए।

जब ब्राह्मण संन्यास लेता है, तब देवता पत्नी, पुत्र और सगे-संबंधियों का रूप धरकर उसके संन्यास में विघ्न डालते हैं। वे सोचते हैं कि यह मनुष्य हमारी अवहेलना करके, हमें लाँघकर परमात्मा को प्राप्त करने जा रहा है।

संन्यासी को वस्त्र के रूप में केवल लँगोट धारण करना चाहिए या लँगोट को ढँकने मात्र का वस्त्र शरीर पर लपेटना चाहिए। उसे आश्रमोचित दंड और कमंडलु के अलावा कोई वस्तु अपने पास नहीं रखनी चाहिए। यह नियम आपातकाल के अलावा सदैव के लिए अपनाना चाहिए।

नेत्रों से धरती पर देखकर पैर रखना, कपड़े से छानकर जल पीना, मुँह से सत्य से पवित्र हुई बात निकालना और शरीर से बुद्धिपूर्वक सोच-विचार के साथ कार्य करना चाहिए।

वाणी के लिए मौन, शरीर के लिए निश्चेष्ट स्थिति और मन के लिए प्राणायाम दंड हैं। ये तीनों दंड जिसके पास नहीं हैं, वह केवल शरीर पर बाँस के दंड धारण करने से दंडी स्वामी नहीं बन जाता है।

संन्यासी को जाति-च्युत और गौघाती आदि पतितों के अलावा चारों वर्णों से भिक्षा ले लेनी चाहिए। उसे अनिश्चित सात घरों से जितना भी मिल जाए, उतने से ही संतोष कर लेना चाहिए।

संन्यासी भिक्षा लेकर बस्ती के बाहर जलाशय पर चला जाए। वहाँ हाथ-पैर धोकर जल द्वारा भिक्षा को पवित्र करके शास्त्रोक्त विधि से जिन्हें भिक्षा का भाग देना चाहिए, उन्हें देकर शेष को मौन रहकर खा लेना चाहिए। न तो दूसरे समय के लिए बचाकर रखना चाहिए और न ही अधिक माँगकर लाना चाहिए।

पृथ्वी पर संन्यासी को अकेले ही विचरण करना चाहिए। उसकी कहीं भी आसक्ति न हो और सभी इंद्रियाँ उसके वश में हों। वह अपने आप में मस्त और तन्मय रहे। हर परिस्थिति में धैर्य रखना और सभी जगह समान रूप से परमात्मा का अनुभव करते रहना चाहिए।

संन्यासी को निर्भय और निर्जन स्थान में रहना चाहिए। उसका हृदय मेरी भावना से शुद्ध बना रहे। वह स्वयं को मुझसे अभिन्न, अद्वितीय और अखंड के रूप में चिंतन करे।

संन्यासी को अपनी ज्ञान-निष्ठा से चित्त के बंधन और मोक्ष पर विचार करना चाहिए। संन्यासी को निश्चय करना चाहिए कि इंद्रियों का विषयों के लिए विक्षिप्त होना, चंचल होना बंधन है और उन्हें संयम में रखना मोक्ष है। अत: संन्यासी को मन और पाँचों इंद्रियों को जीत लेना, भोगों को क्षुद्र समझकर उनकी ओर से सर्वथा मुख मोड़ लेना चाहिए। इस प्रकार, वह मेरी भावना से ओत-प्रोत होकर पृथ्वी पर विचरता रहे।

संन्यासी को केवल भिक्षा के लिए ही नगर, गाँव, अहीरों की बस्ती या यात्रियों की टोली में जाना चाहिए। पवित्र देश, नदी, पर्वत, वन और आश्रमों

को पूर्ण पृथ्वी से बिना ममता जोड़े घूमता-फिरता रहे। भिक्षा भी वह अधिकतर वानप्रस्थियों के आश्रम से ही ग्रहण करे। कटे हुए खेतों के दानों से बनी हुई भिक्षा शीघ्र ही चित्त को शुद्ध कर देती है और उससे बचा-खुचा मोह दूर होकर सिद्धि-प्राप्ति में सहायता करती है।

विचारवान् संन्यासी दृश्यमान जगत् को सत्य वस्तु कभी न समझे, क्योंकि यह प्रत्यक्षतः नाशवान् है। इस जगत् में अपने चित्त को नहीं लगाए। इस लोक और परलोक में जो कुछ करने-पाने की इच्छा हो, उससे पूर्णतया विरक्त हो जाए।

संन्यासी को विचार करना चाहिए कि आत्मा में मन, वाणी और प्राणों का संघात रूप जगत् माया ही है। इस विचार के द्वारा इसे बाँधकर अपने स्वरूप में स्थित होना और फिर कभी उसका स्मरण भी नहीं करना चाहिए।

ज्ञाननिष्ठ, विरक्त, मुमुक्षु और मोक्ष की भी कामना न करनेवाला मेरा भक्त आश्रमों की मर्यादा में बद्ध नहीं होता है। वह चाहे तो आश्रमों और उनके चिह्नों को छोड़कर वेद-शास्त्रों के विधि-निषेधों से परे होकर स्वच्छंद विचरण कर सकता है। वह बुद्धिमान होकर भी बालकों के समान खेल सकता है, निपुण होकर भी जड़वत् रह सकता है, विद्वान् होकर भी पागल की तरह बातचीत कर सकता है और समस्त वेद-विधियों का जानकार होकर भी पशु-वृत्ति (अनियत आचरण) कर सकता है।

भक्त संन्यासी को वेदों के कर्मकांड भाग की व्याख्या में नहीं लगना चाहिए। उसे पाखंड और तर्क-वितर्क से बचना चाहिए। जहाँ केवल वाद-विवाद चल रहा हो, वहाँ उसे किसी का पक्ष नहीं लेना चाहिए। उसे इतना धैर्यवान् होना चाहिए कि उसके मन में किसी भी प्राणी के प्रति कोई उद्वेग न हो और वह स्वयं भी किसी प्राणी को उद्विग्न न करे। उसकी कोई निंदा करे तो वह प्रसन्नता से सह ले और वह किसी का अपमान न करे। संन्यासी शरीर के लिए किसी से भी वैर न ठाने। ऐसा वैर पशु ही करते हैं।

एक चंद्रमा जिस प्रकार जल से भरे हुए विभिन्न पात्रों में अलग-अलग

दिखाई देता है, उसी तरह एक ही परमात्मा सभी प्राणियों और स्वयं में एक ही है। सबकी आत्मा एक ही है। पंचभूतों से बने सबके शरीर भी एक ही हैं, क्योंकि सभी पंचभौतिक ही हैं।

यदि संन्यासी को किसी भी दिन समय पर भोजन न मिले तो उसे दुःखी नहीं होना चाहिए और यदि निरंतर मिलता रहे तो प्रसन्न नहीं होना चाहिए। उसे धैर्य रखना चाहिए। हर्ष और विषाद—दोनों प्रकार के विकार उसके मन में नहीं आने चाहिए।

संन्यासी के लिए भिक्षाटन करना उचित है, क्योंकि भिक्षा से ही प्राणों की रक्षा होती है। प्राण रहने से ही तत्त्व का विचार होता है और तत्त्व विचार से तत्त्वज्ञान होकर मुक्ति मिलती है। संन्यासी को अच्छी या बुरी जैसी भी भिक्षा मिले, उसी से पेट भर लेना चाहिए। वस्त्र या बिछौने जैसे भी मिल जाएँ, उन्हीं से काम चला लेना चाहिए। उनमें अच्छे और बुरेपन की कल्पना नहीं करनी चाहिए।

मैं परमेश्वर होने पर भी जिस प्रकार अपनी लीला से ही शौच आदि शास्त्रोक्त नियमों का पालन करता हूँ, उसी प्रकार ज्ञाननिष्ठ मनुष्य को भी शौच, आचमन, स्नान और अन्य नियमों का लीलानुसार ही आचरण करना चाहिए। ज्ञाननिष्ठ मनुष्य को भेद की प्रतीति नहीं होती है। जो पहले थी, वह भी मुझ परमात्मा के साक्षात्कार से नष्ट हो जाती है। कभी-कभी मरणपर्यंत बाधित भेद की प्रतीति यदि होती भी है तो देहपात हो जाने पर वह मुझसे एक हो जाता है।

जितेंद्रिय मनुष्य को जब यह निश्चित हो जाए कि संसार के विषयों के भोग का फल केवल दुःख ही है तो उसे विरक्त हो जाना चाहिए। यदि वह मेरी प्राप्ति के साधनों को न जानता हो तो उसे भगवत्-चिंतन में तन्मय रहनेवाले ब्रह्मनिष्ठ सद्‌गुरु की शरण लेनी चाहिए। वह गुरु की दृढ़ भक्ति करे, श्रद्धा रखे और उनमें कभी दोष न निकाले। जब तक ब्रह्मज्ञान हो, तब तक बड़े आदर के साथ मुझे ही गुरु के रूप में समझता हुआ उनकी सेवा करे।

पाँचों इंद्रियों और एक मन—इन छठों पर जिसने विजय प्राप्त नहीं की, जिसके इंद्रिय रूपी घोड़े और बुद्धि रूपी सारथि बिगड़े हुए हैं और जिसके हृदय में न ज्ञान हो और न वैराग्य, वह यदि त्रिदंडी संन्यासी का वेश धारण कर पेट पालता है तो वह संन्यास धर्म का सत्यनास ही कर रहा है। वह अपने पूज्य देवताओं को, स्वयं को और अपने हृदय में स्थित मुझे ठगने की इच्छा कर रहा है। अभी उस वेश मात्र के संन्यासी की वासनाएँ क्षीण नहीं हुई हैं। इसी कारण वह इस लोक और परलोक दोनों से ही हाथ धो बैठता है।

—श्रीमद्‌भागवत महापुराण, एकादश स्कंध,
अध्याय-18, श्लोक-12 से 41 तक

आश्रम एवं वर्ण

विराट् पुरुष के मुख से ब्राह्मण, भुजा से क्षत्रिय, जंघा से वैश्य और चरणों से शूद्रों की उत्पत्ति हुई। उनकी पहचान उनके स्वभाव और आचरण से होती है। विराट् पुरुष मैं ही हूँ, अतः मेरे ही उरुस्थल से गृहस्थाश्रम, हृदय में ब्रह्मचर्याश्रम, वक्षःस्थल से वानप्रस्थाश्रम और मस्तक से संन्यासाश्रम की उत्पत्ति हुई है।

इन वर्ण एवं आश्रमों के पुरुषों के स्वभाव भी इनके जन्म-स्थानों के अनुसार उत्तम, मध्यम और अधम होते हैं। शम, दम, तप, संतोष, पवित्रता, क्षमाशीलता, सरलता, मेरी भक्ति, दया और सत्य आदि ब्राह्मण वर्ण के स्वभाव हैं।

तेज, बल, धैर्य, वीरता, सहनशीलता, उदारता, उद्योगशीलता, स्थिरता, ब्राह्मण-भक्ति और ऐश्वर्य आदि क्षत्रिय वर्ण के स्वभाव हैं। आस्तिकता, दानशीलता, दंभहीनता, ब्राह्मणों की सेवा करना और धन-संचय से संतुष्ट न होना आदि वैश्य वर्ण के स्वभाव हैं।

ब्राह्मण, गाय और देवताओं की निष्कपट भाव से सेवा करना और उससे जो भी कुछ मिल जाए, संतुष्ट रहना आदि शूद्र वर्ण का स्वभाव है।

अपवित्रता, झूठ बोलना, चोरी करना, ईश्वर और परलोक की परवाह न करना, निरर्थक झगड़ा करना, काम-क्रोध एवं तृष्णा के वश में रहना आदि अंत्यजों के स्वभाव हैं।

चारों वर्णों और चारों आश्रमों के लिए धर्म यह है कि मन, वाणी और शरीर से किसी की हिंसा न करना, सत्य पर दृढ़ रहना, चोरी न करना, काम-क्रोध व लोभ से बचना तथा जिस कार्य को करने से सभी प्राणियों को प्रसन्नता और सबका भला हो, वही कार्य करना चाहिए।

ब्राह्मण, क्षत्रिय और वैश्य गर्भाधान आदि संस्कारों के क्रम से यज्ञोपवीत संस्कार रूपी द्वितीय जन्म प्राप्त करके गुरुकुल में रहे और अपनी इंद्रियों को वश में रखे। आचार्य के बुलाने पर वेद का अध्ययन करे और उसके अर्थ का भी विचार करे।

वर्ण के अनुसार दंड, मेजला, मृगचर्म, रुद्राक्ष की माला, यज्ञोपवीत और कमंडलु धारण करे। सिर पर जटा रखे, शौक के लिए दाँत एवं वस्त्र न धोए, रंगीन आसन पर न बैठे और कुश धारण करे।

स्नान, भोजन, हवन, जप और मल-मूत्र के त्याग के समय मौन रहना चाहिए। मुख्य कक्ष में नाखून और गुप्तेंद्रिय के बाल कभी भी नहीं काटने चाहिए।

—श्रीमद्भागवत महापुराण, एकादश स्कंध,
अध्याय-17, श्लोक-13 से 24

ब्राह्मण का शरीर अत्यंत दुर्लभ होता है। यह इस कारण नहीं कि इससे तुच्छ विषयों का भोग किया जाए। ब्राह्मण का जीवन कष्ट भोगने, तप करने और अंततः आनंद-स्वरूप मोक्ष की प्राप्ति के लिए है।

जो ब्राह्मण घर में रहते हुए अपने महान् धर्म का निष्काम भाव से पालन करता है और खेतों एवं बाजारों में गिरे-पड़े दाने चुनकर संतोष के साथ जीवन का निर्वाह करता है; इसके साथ ही अपना शरीर, प्राण, अंतःकरण और आत्मा मुझे समर्पित कर देता है और कहीं भी आसक्ति नहीं करता, वह

बिना संन्यास ग्रहण किए ही परम पद को प्राप्त कर लेता है।

जो विपत्ति में पड़े मेरे प्रिय भक्तों को बचाते हैं, उन्हें मैं उसी प्रकार संकटों से बचा लेता हूँ, जिस प्रकार समुद्र में डूबते हुए प्राणी को नौका बचा लेती है।

राजा पिता के समान समस्त प्रजा का कष्ट से उद्धार करे, जिस प्रकार गजराज दूसरे गजों की रक्षा करता है और धैर्यपूर्वक अपना उद्धार करता है। जो राजा इस प्रकार प्रजा की रक्षा करता है, वह सभी पापों से मुक्त होकर अंतकाल में सूर्य के समान तेजस्वी विमान पर आरूढ़ होकर स्वर्गलोक की ओर गमन करता है और इंद्र के साथ सुख-भोग करता है।

यदि ब्राह्मण अध्यापन, यज्ञ-याग आदि से अपनी आजीविका न चला सके तो जब तक विपत्ति दूर न हो जाए, तब तक उसे वैश्य-वृत्ति का आश्रय लेना चाहिए। यदि बहुत बड़ी विपत्ति सामने हो तो तलवार उठाकर क्षत्रियों की वृत्ति से काम चलाए; किंतु किसी भी दशा में शूद्रों की सेवा—श्वान-वृत्ति न अपनाए।

यदि क्षत्रिय प्रजापालन आदि के द्वारा अपना निर्वाह करने में असमर्थ हो तो व्यापार आदि वैश्य-वृत्ति अपनाए। यदि बहुत बड़ी विपत्ति हो तो शिकार आदि के द्वारा या अध्यापन से जीवन-निर्वाह करे, परंतु शूद्रों की सेवा—श्वान-वृत्ति का आश्रय कभी न ले।

आपत्तिकाल में वैश्य श्वान-वृत्ति को अपनाए और शूद्र चटाई आदि बुनने—कारु-वृत्ति को अपनाए; परंतु इस प्रकार की बातों को आपत्तिकाल में ही अपनाना चाहिए। आपत्ति का समय व्यतीत हो जाने पर निम्न वर्णों की वृत्ति से जीविका प्राप्त करने को लोभ कदापि नहीं करना चाहिए।

—श्रीमद्भागवत महापुराण, एकादश स्कंध, अध्याय-17, श्लोक-43 से 49 तक

संन्यासी का मुख्य धर्म शांति और अहिंसा है, वानप्रस्थी का मुख्य धर्म तपस्या और भक्ति है, गृहस्थ का मुख्य धर्म प्राणियों की रक्षा, यज्ञ आदि और

ब्रह्मचारी का मुख्य धर्म आचार्य की सेवा करना है।

—श्रीमद्‌भागवत महापुराण, एकादश स्कंध,
अध्याय-18, श्लोक-42

इंद्र का क्या महत्त्व

जब सभी प्राणी अपने-अपने कर्मों का फल भोग रहे हैं, तब हमें इंद्र की क्या आवश्यकता है? जब वे पूर्व संस्कार के अनुसार प्राप्त होनेवाले मनुष्यों के कर्मफल को बदल ही नहीं सकते, तब उनसे क्या प्रयोजन, उनका क्या महत्त्व?

—श्रीमद्‌भागवत महापुराण, दशम स्कंध,
अध्याय-24, श्लोक-15

रजोगुण की प्रेरणा से मेघ सभी स्थानों पर जलवर्षा करते हैं। उसी से अन्न पैदा होता है और अन्न से ही सभी जीवों की जीविका चलती है। इसमें भला इंद्र का क्या लेना-देना है! वह क्या कर सकता है?

—श्रीमद्‌भागवत महापुराण, दशम स्कंध,
अध्याय-24, श्लोक-23

इंद्र द्वारा स्तुति किए जाने पर

इंद्र! तुम ऐश्वर्य और धन-संपदा के मद के कारण मतवाले हो रहे थे। इसी कारण तुम पर अनुग्रह करके ही मैंने तुम्हारा यज्ञ भंग किया है, ताकि अब तुम मुझे नित्य निरंतर स्मरण रख सको। जो ऐश्वर्य और धन-संपदा के मद में अंधा हो जाता है, वह यह देखता है कि मैं काल रूपी परमेश्वर के समक्ष हाथ में दंड लेकर उसके सिर पर सवार हूँ। मैं जिस पर अनुग्रह करना चाहता हूँ, उसका ऐश्वर्य नष्ट कर देता हूँ।

इंद्र, तुम्हारा मंगल हो। अब तुम अपनी राजधानी में जाओ और मेरी आज्ञा का पालन करो। अब कभी घमंड न करना। नित्य निरंतर मेरी सन्निधि

का, मेरे संयोग का अनुभव करते रहना और अपने अधिकार के अनुसार उचित रीति से मर्यादा का पालन करना।

—श्रीमद्भागवत महापुराण, दशम स्कंध, अध्याय-28, श्लोक-15 से 17 तक

इंद्रिय और विषयों का संयोग

सर्दी-गरमी एवं सुख-दुःख देनेवाले इंद्रिय और विषयों के संयोग उत्पत्ति, विनाशशील और अनित्य हैं। अतः उन्हें सहन करना चाहिए।

—श्रीमद्भगवद् गीता, अध्याय-2, श्लोक-14

प्रत्येक इंद्रिय के विषय में छिपे हुए राग और द्वेष स्थित हैं। मनुष्य को इन दोनों के वशीभूत नहीं होना चाहिए। ये दोनों मनुष्य के कल्याण के मार्ग में विघ्न उत्पन्न करनेवाले शत्रु हैं।

—श्रीमद्भगवद्गीता, अध्याय-3, श्लोक-34

इंद्रिय और विषयों के संयोग से उत्पन्न होनेवाले सभी भोग यद्यपि विषयी पुरुषों को सुख का आभास देते हैं, तथापि वे दुःख का ही कारण हैं और आदि-अंतवाले अर्थात् अनित्य हैं। अतः बुद्धिमान और विवेकशील पुरुष उनमें मन नहीं लगाता है।

—श्रीमद्भगवद्गीता, अध्याय-5, श्लोक-22

इष्टदेव

मनुष्य को चाहिए कि वह पूर्व संस्कारों के अनुसार अपने वर्ण तथा आश्रम के अनुकूल धर्म का पालन करते हुए कर्म का ही सम्मान करे। जिसके द्वारा मनुष्य की जीविका सुगमता से चलती है, वही उसका इष्टदेव होता है।

—श्रीमद्भागवत महापुराण, दशम स्कंध, अध्याय-24, श्लोक-18

ईश्वर और जीव

जीव और ईश्वर बद्ध और मुक्त के भेद से भिन्न-भिन्न होने पर भी एक ही शरीर में नियंता और नियंत्रित के रूप में विराजते हैं। इसे कुछ इस प्रकार समझा जा सकता है कि शरीर नामक वृक्ष में हृदय का घोंसला बनाकर जीव और ईश्वर नामक दो पक्षी निवास करते हैं। ये दोनों चेतनशील होने के कारण एक समान और साथ-साथ रहनेवाले सखा हैं। इतनी समानता होने पर भी जीव शरीर रूपी वृक्ष के फल, सुख-दु:ख आदि भोगता है; जबकि ईश्वर उन्हें भोगकर कर्मफल आदि से असंग होकर केवल साक्षी भर रहता है। उपभोक्ता होकर भी ईश्वर की यह विलक्षणता है कि वह ज्ञान, ऐश्वर्य, आनंद और सामर्थ्य आदि के भोक्ता जीव से बढ़कर है।

उपभोक्ता ईश्वर की एक विलक्षणता यह भी है कि वह अपने वास्तविक स्वरूप और जगत् को भी जानता है; किंतु भोक्ता जीव न तो अपने वास्तविक रूप को जानता है और न ही अन्य को। इसी कारण जीव अविद्या से युक्त होने के कारण नित्यबद्ध है और विद्या स्वरूप होने के कारण ईश्वर नित्य मुक्त है।

—श्रीमद्भागवत महापुराण, एकादश स्कंध,
अध्याय-11, श्लोक-6 से 7 तक

उद्धव को पांडवों का समाचार लाने हेतु समझाते हुए

तात! आप हमारे गुरु, हितोपदेशक और काका हैं। आप हमारे वंश में अत्यंत प्रशंसनीय और सदैव हमारे हितैषी रहे हैं। हम आपके बालक हैं और सदैव आपकी रक्षा, पालन एवं कृपा के पात्र हैं। अपने परम कल्याण की इच्छा रखनेवाले मनुष्यों को आप जैसे परम पूज्य और महाभाग्यवान् संतों की सदैव सेवा करनी चाहिए। वास्तव में, आप जैसे संत देवताओं से भी बढ़कर हैं, क्योंकि देवताओं में तो स्वार्थ है, किंतु संतों में कदापि नहीं।

केवल जल के तीर्थ (नदी, सरोवर आदि) ही तीर्थ नहीं हैं, केवल

मृत्तिका और शिला आदि से निर्मित मूर्तियाँ ही देवता नहीं हैं। यदि उनकी बहुत दिनों तक श्रद्धापूर्वक सेवा की जाए, तब वे पवित्र करते हैं; किंतु संत पुरुष केवल अपने दर्शन मात्र से ही पवित्र कर देते हैं।

तात! आप हमारे हितैषी सुहृदों में सर्वश्रेष्ठ हैं। इसीलिए आप पांडवों का हित करने के लिए और उनका कुशल-मंगल जानने हेतु हस्तिनापुर जाइए। ऐसा सुना गया है कि महाराज पांडु की मृत्यु हो जाने के पश्चात् युधिष्ठिर आदि पांडव अपनी माता कुंती के साथ दुःख में पड़ गए थे। तब राजा धृतराष्ट्र उन्हें अपनी राजधानी हस्तिनापुर में ले आए और तभी से वे वहीं रहते हैं।

आप जानते हैं कि राजा धृतराष्ट्र एक तो अंधे हैं और दूसरे उनमें मनोबल की भी कमी है। उनका पुत्र दुर्योधन बहुत दुष्ट है और उसके अधीन होने के कारण राजा धृतराष्ट्र पांडवों के साथ अपने पुत्रों जैसा एक समान व्यवहार नहीं कर पाते। अतः आप वहाँ मालूम करें कि उनकी स्थिति कैसी है। आपके द्वारा उनकी जानकारी मिलने पर मैं कुछ ऐसा उपाय करूँगा, जिससे कि उन सुहृदों को सुख प्राप्त हो सके।

—श्रीमद्भागवत महापुराण, दशम स्कंध,
अध्याय-49, श्लोक-29 से 35 तक

उद्धव को ब्रजवासियों के लिए संदेश देते हुए

हे सौम्य स्वभाव उद्धव! तुम ब्रज में जाओ। वहाँ मेरे माता-पिता—यशोदा मैया और नंद बाबा हैं, उन्हें आमंत्रित करो। गोपियाँ मेरे विरह की व्याधि से बहुत व्याकुल हो रही हैं, उन्हें मेरा संदेश सुनाकर उस वेदना से मुक्त करो।

प्रिय उद्धव! गोपियों का मन नित्य निरंतर मेरी ओर ही लगा रहा है। उनके प्राण, उनका जीवन और उनका सर्वस्व मैं ही हूँ। मेरे लिए उन्होंने अपने पति-पुत्र आदि सभी सगे-संबंधियों का परित्याग कर दिया है। उन्होंने

बुद्धि से भी मुझे ही अपना प्रिय, अपना प्रियतम, बल्कि अपनी आत्मा मान रखा है। मेरा यह व्रत है कि जो लोग मेरे लिए लौकिक और पारलौकिक धर्मों को त्याग देते हैं, उनका भरण-पोषण मैं स्वयं करता हूँ। 4

हे प्रिय उद्धव! मैं गोपियों का परम प्रियतम हूँ। मेरे यहाँ (मथुरा में) चले आने से वे मुझे दूरस्थ मानती हैं और मेरा स्मरण कर-करके अत्यंत मोहित हो रही हैं तथा बार-बार मूर्च्छित हो जाती हैं। वे मेरे विरह की व्यथा से व्याकुल हो रही हैं और प्रतिक्षण मेरे लिए उत्कंठित रहती हैं।

मेरी प्रेयसियाँ, मेरी गोपियाँ इस समय बड़े ही कष्ट और यत्न से अपने प्राणों को किसी प्रकार से सँजोए हुए हैं। मैंने उन्हें वचन दिया था कि 'मैं आऊँगा', केवल यही उनके जीवन का आधार है। हे उद्धव! मैं और अधिक क्या कहूँ, वास्तव में मैं ही उनकी आत्मा हूँ और वे नित्य निरंतर मुझमें ही तन्मय रहती हैं।

—श्रीमद्भागवत महापुराण, दशम स्कंध,
अध्याय-46, श्लोक-3 से 6 तक

एक इष्टदेव की उपासना

जिस प्रकार विवाहित पति का परित्याग कर जार पति का साथ करनेवाली व्यभिचारिणी स्त्री कभी शांति-लाभ प्राप्त नहीं कर सकती, उसी प्रकार जो मनुष्य अपनी आजीविका चलानेवाले एक इष्टदेव की उपासना को छोड़कर किसी दूसरे की उपासना करते हैं, उससे उन्हें कभी सुख प्राप्त नहीं हो सकता।

—श्रीमद्भागवत महापुराण, दशम स्कंध,
अध्याय-24, श्लोक-19

एकी भाव

जो पुरुष प्रिय को प्राप्त करके प्रसन्न नहीं होता और अप्रिय को प्राप्त

करके उद्विग्न नहीं होता, वह स्थिर बुद्धि, संशय-रहित ब्रह्मवेत्ता परब्रह्म परमात्मा में नित्य एकी भाव से स्थित रहता है।

—श्रीमद्‌भगवद्‌गीता, अध्याय-5, श्लोक-20

कर्म विचार

कर्मयोग में आरंभ का अर्थात् बीज का नाश नहीं होता है और इसके विपरीत फल रूपी दोष भी नहीं है। कर्मयोग रूपी धर्म का थोड़ा सा भी साधन जन्म-मृत्यु रूपी महान् भय से रक्षा करता है।

कर्मयोग में निश्चयात्मिका बुद्धि एक ही होती है, किंतु अस्थिर विचारवाले विवेकहीन सकाम मनुष्यों की बुद्धियाँ निश्चय ही बहुत भेदोंवाली और अनंत होती हैं।

जो मनुष्य भोगों से तन्मय हो रहे हैं, जो कर्मफल के प्रशंसक वेद-वाक्यों में प्रीति रखते हैं, जिनकी बुद्धि में स्वर्ग की परम प्राप्त वस्तु है और स्वर्ग से बढ़कर कोई अन्य वस्तु ही नहीं है, ऐसा कहनेवाले अविवेकी जन इस प्रकार की जिस कृत्रिम वाणी का प्रयोग करते हैं, जो जन्म रूपी कर्मफल देनेवाली एवं भोग और ऐश्वर्य की प्राप्ति के लिए अनेक प्रकार की बहुत सी क्रियाओं का वर्णन करनेवाली है, उस वाणी द्वारा जिनका चित्त हर लिया गया है, जो भोग और ऐश्वर्य में अत्यंत आसक्त हैं, परमेश्वर में उनकी निश्चयात्मिका बुद्धि नहीं होती है।

—श्रीमद्‌भगवद्‌गीता श्लोक-40 से 44 तक

कर्म करने में ही तुम्हारा अधिकार है, उसके फल में कदापि नहीं। अतः कर्म के फल की इच्छा नहीं करनी चाहिए और न ही कर्म न करने में आसक्त होना चाहिए।

आसक्ति को त्यागकर और सिद्धि एवं असिद्धि में समान बुद्धिवाला होकर योग में स्थित होते हुए कर्म करना चाहिए। समत्व ही योग कहलाता है।

—श्रीमद्‌भगवद्‌गीता, अध्याय-2, श्लोक-47 से 48 तक

इस लोक में दो प्रकार की निष्ठा का वर्णन मैंने पहले ही किया है। इनमें से सांख्ययोगियों की निष्ठा ज्ञानयोग से और कर्मयोगियों की निष्ठा कर्मयोग से होती है।

मनुष्य न तो कर्मों का आरंभ किए बिना निष्क्रमता को अर्थात् योगनिष्ठा को प्राप्त करता है और न ही कर्मों के त्याग मात्र से सिद्धि अर्थात् सांख्यनिष्ठा को प्राप्त करता है।

कोई भी मनुष्य किसी भी काल में निस्संदेह क्षण मात्र भी कर्म किए बिना नहीं रहता है, क्योंकि समस्त मनुष्य समुदाय प्रकृति-जनित गुणों द्वारा परवश होकर कर्म करने के लिए बाध्य किया जाता है।

जो मूढ़ बुद्धि पुरुष आग्रहपूर्वक सभी इंद्रियों को ऊपर से रोककर मन से उन इंद्रियों के विषयों का चिंतन करता रहता है, वह मिथ्याचारी अर्थात् दंभी कहलाता है।

जो पुरुष मन से इंद्रियों को वशीभूत करके अनासक्त होकर समस्त इंद्रियों द्वारा कर्मयोग का आचरण करता है, वही श्रेष्ठ है।

शास्त्र-विहित कर्तव्य-कर्म करने चाहिए, क्योंकि कर्म न करने की अपेक्षा कर्म करना श्रेष्ठ है और कर्म न करने से शरीर-निर्वाह भी सिद्ध नहीं होगा।

—श्रीमद्भगवद्गीता, अध्याय-3, श्लोक-3 से 8 तक

जो मनुष्य इस लोक में परंपरा से प्रचलित सृष्टि चक्र के अनुकूल अपने कर्तव्य का पालन करता है, वह इंद्रियों के द्वारा भोग में रमण करनेवाला पापायु व्यर्थ ही जीता है। जो मनुष्य आत्मा में ही रमण करनेवाला और आत्मा में ही तृप्त व संतुष्ट हो, उसके लिए कोई कर्तव्य शेष नहीं रहता है।

जिस पुरुष का कोई कर्तव्य शेष नहीं रहता, उसका इस विषय में न तो कर्म करने से कोई प्रयोजन रहता है और न ही कर्मों के करने से। सभी प्राणियों से भी उसका किंचित् मात्र स्वार्थ-संबंध नहीं रहता है। अतः निरंतर आसक्ति से रहित होकर सदैव कर्तव्य-कर्म को भली प्रकार करते रहना

चाहिए। आसक्ति-रहित होकर कर्म करता हुआ मनुष्य परमात्मा को प्राप्त कर लेता है।

जनक आदि ज्ञानी पुरुष भी आसक्ति-रहित कर्म के द्वारा ही परम सिद्धि को प्राप्त करते हैं। अत: लोक-संग्रह को देखते हुए भी कार्य करते रहना चाहिए।

श्रेष्ठ पुरुष जैसा आचरण करता है, अन्य पुरुष भी वैसा ही आचरण करते हैं। वह जो कुछ प्रमाण देता है, अन्य भी वैसा ही कर्म करने लगते हैं।

इन तीनों लोकों में मेरे लिए न तो कुछ कर्तव्य है और न ही प्राप्त करने योग्य वस्तु अप्राप्त है, फिर भी मैं कर्म करता रहता हूँ।

कदाचित् यदि मैं सावधान होकर कर्म न करूँ तो बहुत बड़ी हानि होगी, क्योंकि मनुष्य सभी प्रकार से मेरे मार्ग का अनुसरण करते हैं। अत: यदि मैं कर्म न करूँ तो सभी मनुष्य नष्ट-भ्रष्ट हो जाएँ। मैं संकरता फैलानेवाला और समस्त प्रजा को नष्ट करनेवाला कहलाऊँगा।

कर्म में आसक्त हुए अज्ञानी जन जिस प्रकार कर्म करते हैं, आसक्ति-रहित विद्वान् भी लोक-संग्रह करना चाहता हुआ उसी प्रकार कर्म करे।

परमात्मा के स्वरूप में अटल व स्थिर हुए ज्ञानी पुरुष को चाहिए कि वह शास्त्र-विहित कर्मों में आसक्तिवाले अज्ञानियों की बुद्धि में भ्रम अर्थात् कर्मों में अश्रद्धा उत्पन्न न करे; किंतु स्वयं शास्त्र-विहित सभी कर्म भली प्रकार करता हुआ उनसे भी उसी प्रकार करवाए।

सभी कर्म वास्तव में सब प्रकार के प्रकृति के गुणों द्वारा किए जाते हैं। फिर भी, जिसका अंत:करण अहंकार से मोहित हो रहा है, इस तरह का अज्ञानी मानता है कि 'मैं कर्ता हूँ'। गुण-विभाग और कर्म-विभाग के तत्त्व को जाननेवाला ज्ञानयोगी समस्त गुण ही हम व्यवहार करते हैं, ऐसा जानकर उनमें आसक्त नहीं होता है।

प्रकृति के गुणों से मोहित होकर मनुष्य गुणों और कर्मों में आसक्त रहते हैं, उन पूर्णतया न समझनेवाले मंद बुद्धि अज्ञानियों को पूर्णतया जाननेवाला ज्ञानी विचलित न करे।

मुझ अंतर्यामी परमात्मा में लगे हुए चित्त द्वारा समस्त कर्मों को मुझे अर्पित करते हुए आशा, ममता और संताप से रहित होकर धर्मयुद्ध करना चाहिए। जो मनुष्य दोष-दृष्टि से रहित और श्रद्धा भाव से मुक्त होकर मेरे इस मत का अनुसरण करता है, वह सभी कर्मों से मुक्त हो जाता है।

जो अज्ञानी जन मुझे दोषारोपण करते हुए मेरे बताए गए मत का अनुसरण नहीं करते, उन्हें संपूर्ण ज्ञान में मोहित और नष्ट हुआ ही समझना चाहिए।

सभी प्राणी अपने स्वभाव के वशीभूत होकर कर्म करते हैं। ज्ञानवान् मनुष्य भी अपनी प्रकृति के अनुसार चेष्टा करता है। फिर इसमें किसी का क्या आग्रह हो सकता है?

—श्रीमद्‌भगवद्‌गीता, अध्याय-3, श्लोक-16 से 33 तक

मनुष्यलोक में कर्मों के फल को चाहनेवाले लोग देवताओं का पूजन किया करते हैं, क्योंकि उन्हें कर्मों से उत्पन्न होनेवाली सिद्धि शीघ्र ही प्राप्त हो जाती है।

ब्राह्मण, क्षत्रिय, वैश्य और शूद्र आदि चार वर्णों का समूह, गुण और कर्मों का विभाग मेरे द्वारा ही रचे गए हैं। इस प्रकार सृष्टि-रचना आदि का कर्ता होने पर भी मुझ अविनाशी परमेश्वर को वास्तव में अकर्ता ही जानो।

कर्मों के फल में मेरी स्पृहा नहीं है, अतः कर्म मुझे लिप्त नहीं करते हैं। इस तरह से मुझे तत्त्व से जो भी जान लेता है, वह भी कर्मों से लिप्त नहीं होता है। पूर्वकाल में मोक्ष की कामना करनेवालों ने भी इसी प्रकार जानकर कार्य किए हैं। अतः तुम्हें भी पूर्वजों के द्वारा सदा से किए जानेवाले कर्मों को ही करना चाहिए।

'कर्म क्या है और अकर्म क्या है?' इनका निर्णय करने में बुद्धिमान पुरुष भी मोहित हो जाते हैं। अतः यह कर्म तत्त्व मैं भली प्रकार समझाकर कहूँगा, जिसे जानकर अशुभ से अर्थात् कर्म के बंधन से मुक्ति मिल जाएगी।

कर्म का स्वरूप जानना चाहिए, अकर्म का स्वरूप जानना चाहिए और

विकर्म का स्वरूप भी जानना चाहिए, क्योंकि कर्म की गति गहन होती है।

जो मनुष्य कर्म में अकर्म देखता है और अकर्म में कर्म देखता है, वह मनुष्यों में बुद्धिमान है और वह योगी समस्त कर्मों को करनेवाला है।

जिस मनुष्य के संपूर्ण शास्त्र-सम्मत कर्म बिना कामना और संकल्प के होते हैं तथा जिसके समस्त कर्म ज्ञान रूपी अग्नि के द्वारा भस्म हो गए हैं, उसे विद्वान् भी 'पंडित' कहकर पुकारते हैं।

जो मनुष्य समस्त कर्मों और उनके फल में आसक्ति का सर्वथा त्याग करके संसार के आश्रय से रहित हो गया है और परमात्मा में नित्य तृप्त है, वह कर्मों से भली प्रकार संलग्न होते हुए भी वास्तव में कुछ नहीं करता है।

जिस मनुष्य ने अंत:करण और इंद्रियों के साथ शरीर जीत लिया है तथा जिसने समस्त भोगों की सामग्री का परित्याग कर दिया है, ऐसा आशा-रहित मनुष्य केवल शरीर संबंधी कर्म करते हुए भी पाप का भागी नहीं होता है।

जो मनुष्य बिना इच्छा के अपने आप प्राप्त हुए पदार्थ में सदैव संतुष्ट रहता है, जिसमें ईर्ष्या का सर्वथा अभाव है, जो हर्ष-शोक आदि द्वंद्वों से सर्वथा परे है—इस प्रकार सिद्धि और असिद्धि में समान रहनेवाला कर्मयोगी कर्म करते हुए भी कर्मों से विमुक्त रहता है।

जिस मनुष्य की आसक्ति सर्वथा नष्ट हो गई है, जो देह के अभिमान और ममता से रहित हो गया है, जिसका चित्त निरंतर परमात्मा के ज्ञान में लगा रहता है—इस प्रकार के केवल यज्ञ-संपादन के लिए कर्म करनेवाले मनुष्य के समस्त कर्म भली प्रकार विलीन हो जाते हैं।

—श्रीमद्भगवद्गीता, अध्याय-4, श्लोक-12 से 23 तक

कर्मयोग

कर्म-संन्यास और कर्मयोग दोनों ही परम कल्याण करनेवाले हैं; परंतु इन दोनों में साधन की दृष्टि से कर्मयोग कर्म-संन्यास से अधिक सुगम होने

के कारण श्रेष्ठ है।

जो मनुष्य न किसी से द्वेष और न किसी की आकांक्षा करता है, वह कर्मयोगी सदैव संन्यासी समझने योग्य है; क्योंकि राग-द्वेष आदि द्वंद्वों से रहित मनुष्य सुखपूर्वक संसार-बंधन से मुक्त हो जाता है। 3

मूर्ख मनुष्य कर्म-संन्यास और कर्मयोग को अलग-अलग फल प्रदान करनेवाला मानते हैं, जबकि पंडित लोग ऐसा नहीं मानते। इन दोनों में से एक में भी सम्यक् प्रकार से स्थित पुरुष परमात्मा को प्राप्त कर लेता है।

ज्ञानयोगियों द्वारा जो परम धाम प्राप्त किया जाता है, वही परम धाम कर्मयोगियों द्वारा भी प्राप्त किया जाता है। अत: जो मनुष्य ज्ञानयोग और कर्मयोग को फल रूप में एक ही देखता है, वह यथार्थ देखता है।

कर्मयोग के बिना संन्यास अर्थात् मन, इंद्रिय और शरीर द्वारा होनेवाले समस्त कर्मों में कर्तापन का त्याग प्राप्त होना कठिन है और भगवत् स्वरूप को मनन करनेवाला कर्मयोगी परब्रह्म परमात्मा को शीघ्र ही प्राप्त कर लेता है।

जिस मनुष्य का मन अपने वश में है, जो जितेंद्रिय और विशुद्ध अंत:करणवाला है और सभी प्राणियों का आत्मरूप परमात्मा ही जिसकी आत्मा हैं, इस तरह का कर्मयोगी कर्म करते हुए लिप्त नहीं होता है।

तत्त्व को जाननेवाला सांख्ययोगी देखता हुआ, सुनता हुआ, स्पर्श करता हुआ, सूँघता हुआ, भोजन करता हुआ, गमन करता हुआ, सोता हुआ, श्वास लेता हुआ, बोलता हुआ, त्यागता हुआ, ग्रहण करता हुआ और आँखों को खोलता-बंद करता हुआ भी सभी इंद्रियों का अपने-अपने अर्थों में व्यवहार करता है—इस प्रकार समझते हुए निस्संदेह यह माने कि मैं कुछ नहीं करता हूँ।

जो मनुष्य सभी कर्म परमात्मा को अर्पित करते हुए आसक्ति को त्यागकर कर्म करता है, वह जल रूपी पाप से घिरा रहते हुए भी कमल के पत्ते की भाँति उससे लिप्त नहीं होता है।

कर्मयोगी ममत्व बुद्धि-रहित होकर केवल इंद्रिय, मन, बुद्धि और शरीर

द्वारा भी आसक्ति को त्यागकर अंत:करण की शुद्धि के लिए कर्म करते हैं।

कर्मयोगी कर्मों के फल का त्याग करके भगवत् प्राप्ति रूपी शांति को प्राप्त करता है और सकाम पुरुष कामना की प्रेरणा से फल में आसक्त होकर बँध जाता है।

अंत:करण को वशीभूत करके सांख्ययोग का आचरण करनेवाला पुरुष न करता हुआ और न करवाता हुआ ही नवद्वारों वाले शरीर रूपी घर में सभी कर्मों को मन से त्यागकर आनंदपूर्वक सच्चिदानंद घन परमात्मा के स्वरूप में स्थित रहता है।

परमेश्वर मनुष्य के न कर्तापन की, न कर्मों की और न ही कर्मफल के संयोग की रचना करते हैं; किंतु स्वभाव ही यह सारा व्यवहार करता है।

—श्रीमद्भगवद्गीता, अध्याय-5, श्लोक-2 से 14 तक

कर्मानुसार फल-प्राप्ति

प्राणी अपने कर्म के अनुसार ही पैदा होता है और कर्म के अनुसार ही मृत्यु को प्राप्त होता है। प्राणी को उसके कर्म के अनुसार ही सुख-दु:ख, भय-मंगल के निमित्तों की प्राप्ति होती है। यदि कर्म को ही सबकुछ न मानकर उनसे भिन्न प्राणियों के कर्म का फल देनेवाला ईश्वर माना भी जाए तो वह कर्म करनेवालों को ही उनके कर्म के अनुसार फल दे सकता है। कर्म न करनेवालों पर उनकी प्रभुता नहीं चल सकती।

—श्रीमद्भागवत महापुराण, दशम स्कंध,
अध्याय-24, श्लोक-13 से 14 तक

जब वेदों के मुख्य तात्पर्य निश्चय रूपी ज्ञान और अनुभव रूपी विज्ञान से भली प्रकार संपन्न होकर अपनी आत्मा के अनुभव में ही आनंदमग्न रहोगे तो संपूर्ण देवता आदि शरीरधारियों की आत्मा हो जाओगे। अत: किसी भी विघ्न से पीड़ित नहीं हो सकोगे, क्योंकि उन विघ्नों और विघ्न करनेवालों

की आत्मा भी तुम्हीं होगे।

जो पुरुष गुण और दोष बुद्धि से अतीत हो जाता है, वह बालक के समान निषिद्ध कर्म से निवृत्त हो जाता है, किंतु दोष बुद्धि से नहीं। वह विहित कर्म का अनुष्ठान भी करता है, किंतु गुण बुद्धि से नहीं। जिस मनुष्य ने श्रुतियों के तात्पर्य का यथार्थ ज्ञान ही नहीं प्राप्त किया, बल्कि उनका साक्षात्कार भी कर लिया और जो अटल निश्चय से संपन्न हो गया है, वह समस्त प्राणियों का हितैषी सुहृद होता है। उसकी सभी वृत्तियाँ सर्वथा शांत रहती हैं। वह समस्त प्रतीयमान विश्व में मेरा ही स्वरूप-आत्मस्वरूप देखता है। इसीलिए उसे फिर कभी जन्म-मृत्यु के चक्कर में नहीं उलझना पड़ता।

—श्रीमद्भागवत महापुराण, एकादश स्कंध, अध्याय-7, श्लोक-10 से 12

काम (वासना)

धुएँ से जिस प्रकार अग्नि और मैल से दर्पण ढक जाता है तथा जिस प्रकार गर्भ झिल्ली से गर्भ ढँका रहता है, ठीक उसी प्रकार काम के द्वारा ज्ञान से ढँका रहता है। अग्नि के समान कभी पूर्ण न होनेवाले काम रूपी ज्ञानियों के नित्य वैरी द्वारा मनुष्य का ज्ञान ढँका रहता है।

इंद्रियाँ, मन और बुद्धि—ये काम के वास स्थान कहे जाते हैं। काम मन, बुद्धि और इंद्रियों के द्वारा ही ज्ञान को आच्छादित करके जीवात्मा को मोहित करता है।

सबसे पहले इंद्रियों को वश में करके ज्ञान और विज्ञान का नाश करनेवाले पापी काम का अवश्य ही बलपूर्वक विनाश कर देना चाहिए।

इंद्रियों को स्थूल शरीर से परे यानी श्रेष्ठ, बलवान और सूक्ष्म करते हैं। इंद्रियों से परे मन है, मन से परे बुद्धि है और बुद्धि से भी अत्यंत परे आत्मा है। इस प्रकार जानते हुए बुद्धि के द्वारा मन को वशीभूत करते हुए काम रूपी दुर्जय शत्रु का संहार कर डालना चाहिए।

—श्रीमद्भगवद्गीता, अध्याय-3, श्लोक-38 से 43 तक

क्रोध

विषयों का चिंतन करनेवाले मनुष्य की विषयों में आसक्ति हो जाती है, आसक्ति से विषयों की कामना होती है और कामना में विघ्न पड़ने से क्रोध उत्पन्न होता है।

क्रोध से अत्यंत मूढ़ भाव उत्पन्न होता है, मूढ़ भाव से स्मृति भ्रमित होती है, स्मृतिभ्रम होने से बुद्धि का नाश हो जाता है और बुद्धि का नाश होने से मनुष्य अपनी स्थिति से गिर जाता है।

—श्रीमद्भगवद्गीता, अध्याय-2, श्लोक-62 से 63 तक

रजोगुण से उत्पन्न हुआ काम ही क्रोध है। यह बहुत खानेवाला अर्थात् भोगों से कभी न अघानेवाला और बड़ा पापी है। इसे ही विषय का शत्रु जानना चाहिए

—श्रीमद्भगवद्गीता, अध्याय, 3, श्लोक-37

गुरु एवं शिष्य

शिष्य को अभिमान कदापि नहीं करना चाहिए। वह किसी से ईर्ष्या न करे और किसी का बुरा न सोचे। वह प्रत्येक कार्य में कुशल हो और सदैव आलस्य से दूर रहे। ममता-मोह से दूर रहकर वह गुरु के चरणों का दृढ़ अनुरागी हो। अकुशलता को त्यागकर वह सभी कार्य सावधानीपूर्वक करे। सदैव परमार्थ के संबंध में ज्ञान प्राप्त करने की इच्छा बनाए, किसी के गुणों में दोष न निकाले और कभी निरर्थक बात न करे।

—श्रीमद्भागवत महापुराण, एकादश स्कंध,
अध्याय-10, श्लोक-6

शब्द, रूप, रस आदि में फँसे हुए गृहस्थ कामना से भरे होने के कारण गिद्ध के समान हैं। वे संसार रूपी वृक्ष का दु:ख रूपी फल भोगते हैं, क्योंकि वे अनेक प्रकार के कर्मों के बंधन में फँसे रहते हैं। जो अरण्यवासी परमहंस

विषयों से विरक्त हैं, वे इस वृक्ष पर राजहंस के समान निवास करते हैं और वे इसका सुखपूर्वक फल भोगते हैं। वास्तव में मैं एक ही हूँ। मेरा अनेक प्रकार का रूप केवल मायामय है—जो इस बात को गुरुओं के द्वारा समझ लेता है, वास्तव में वही समस्त वेदों का रहस्य जानता है।

गुरुदेव की उपासना रूपी अनन्य भक्ति के द्वारा अपने ज्ञान की कुल्हाड़ी को तीखी करके उसके द्वारा धैर्य और सावधानी से जीव भाव को काट डालना चाहिए। तत्पश्चात् परमात्मा स्वरूप होकर, वृत्ति रूपी अस्त्रों को छोड़कर अपने अखंड स्वरूप में स्थित रहना चाहिए।

—श्रीमद्‌भागवत महापुराण, एकादश स्कंध,
अध्याय-12, श्लोक-23 से 24

गुरु की सेवा

अहिंसा आदि यमों का पालन आदर के साथ करना चाहिए, किंतु शौच (पवित्रता) आदि नियमों का पालन शक्ति के अनुसार और आत्मज्ञान के विरोधी न होने पर करना चाहिए। जिज्ञासु पुरुष के लिए यम-नियम के पालन से भी बढ़कर बात यह है कि उसे शांत स्वभाव के और मेरे स्वरूप को जाननेवाले गुरु की सेवा मेरा ही स्वरूप समझकर करनी चाहिए।

—श्रीमद्‌भागवत महापुराण, एकादश स्कंध,
अध्याय-10, श्लोक-5

गुरु और शिष्य

यज्ञ में जिस प्रकार अरणि-मंथन करके अग्नि उत्पन्न की जाती है तो उसमें ऊपर-नीचे दो लकड़ियाँ रहती हैं और बीच में मंथन-काष्ठ होता है, ठीक उसी प्रकार विद्या रूपी अग्नि की उत्पत्ति के लिए गुरु और शिष्य ऊपर-नीचे की अरणियाँ हैं और उपदेश मंथन-काष्ठ है। इनसे जो ज्ञानाग्नि प्रज्वलित होती है, वह विलक्षण सुख देनेवाली है। इस यज्ञ में सद्‌गुरु के द्वारा

बुद्धिमान शिष्य को जो ज्ञान प्राप्त होता है, वह गुणों से बनी विषयों की माया को भस्म कर देता है। इसके बाद वे गुण भी भस्म हो जाते हैं, जिनसे यह संसार बना है। इन सबके भस्म हो जाने पर जब आत्मा के अलावा और कुछ शेष नहीं रह जाता तो यह ज्ञानाग्नि भी ठीक उसी प्रकार शांत हो जाती है, जिस प्रकार समिधा के न रहने पर यज्ञाग्नि बुझ जाती है।

—श्रीमद्भागवत महापुराण, एकादश स्कंध,
अध्याय-10, श्लोक-12 से 13 तक

गोपियों से परिहास करते हुए

हे कुमारियो! यदि तुम्हारी इच्छा हो तो यहाँ आकर अपने-अपने वस्त्र ले जाओ। मैं तुम सभी से सच-सच कहता हूँ, परिहास बिलकुल भी नहीं करता। तुम व्रत करते-करते दुर्बल हो गई हो। मेरे सखा ग्वालबाल जानते हैं कि मैंने कभी कोई असत्य बात नहीं कही है। हे सुंदरियो! तुम्हारी इच्छा हो तो अलग-अलग आकर अपने-अपने वस्त्र ले लो या सभी एक साथ आओ, इसमें मुझे कोई आपत्ति नहीं है।

कुमारियो! तुम्हारी मुसकान पवित्रता और प्रेम से परिपूर्ण है। यदि तुम स्वयं को मेरी दासी स्वीकार करती हो और मेरी आज्ञा का पालन करना चाहती हो तो मेरे पास आकर अपने-अपने वस्त्र ले लो।

हे गोपियो! तुमने जो व्रत लिया था, उसे अच्छी तरह निभाया है, इसमें कोई संदेह नहीं। किंतु तुमने वस्त्रहीन होकर यमुना के जल में स्नान किया है। इससे जल के अधिष्ठाता देवता वरुण और यमुनाजी के प्रति अपराध हुआ है। अतः अब इस दोष के शमन के लिए तुम अपने हाथ जोड़कर सिर से लगाओ और उन्हें झुककर प्रणाम करो। इसके पश्चात् अपने-अपने वस्त्र ले जाओ।

मेरी प्रिय कुमारियो! मैं तुम्हारा यह संकल्प जानता हूँ कि तुम मेरी पूजा करना चाहती हो। मैं तुम्हारी इस अभिलाषा का अनुमोदन करता हूँ—तुम्हारा

यह संकल्प सत्य होगा। तुम मेरी पूजा कर सकोगी।

जिन लोगों ने अपना मन और प्राण मुझे समर्पित कर रखा है, उनकी कामनाएँ उन्हें सांसारिक भोगों की ओर ले जाने में समर्थ नहीं होतीं। ठीक उसी प्रकार भुने या उबाले हुए बीज फिर अंकुर के रूप में उगने के योग्य नहीं रह जाते। 26

अतः हे कुमारियो! अब तुम अपने-अपने घर लौट जाओ। तुम्हारी साधना सिद्ध हो गई है। तुम आनेवाली शरद् ऋतु की रात्रियों में मेरे साथ विहार करोगी। हे सतियो! इसी उद्देश्य से तुमने यह व्रत और देवी कात्यायनी की पूजा की थी।

—श्रीमद्भागवत महापुराण, दशम स्कंध,
अध्याय-22, श्लोक-10 से 26 तक

गोपियों को समझाते हुए

हे सौभाग्यवती गोपियो! तुम्हारा स्वागत है। बताओ, तुम्हारी प्रसन्नता के लिए मैं कौन सा कार्य करूँ? ब्रज में तो सब कुशल-मंगल है न? कहो, इस समय तुम्हें यहाँ आने की क्या आवश्यकता पड़ गई? यह रात का समय है और यह बड़ा भयावना होता है। इस समय बड़े भयानक जीव-जंतु इधर-उधर घूमते रहते हैं। अतः तुम सभी को इसी समय ब्रज में लौट जाना चाहिए। रात्रिकाल में इस भयानक जंगल में स्त्रियों को नहीं रुकना चाहिए।

हे सुंदर गोपियो! तुम्हें घर पर न देखकर तुम्हारे माता-पिता, भाई और पति एवं पुत्र तुम्हें खोज रहे होंगे। उन्हें भयभीत न करो। तुमने रंग-बिरंगे पुष्पों से परिपूर्ण इस वन की शोभा को देखा। पूर्ण चंद्रमा की कोमल रश्मियों से यह सुसज्जित है, मानो उन्होंने अपने हाथों से चित्रकारी की हो और यमुना के जल का स्पर्श करके बहनेवाली शीतल व मंद समीर से हिलते हुए ये वृक्षों के पत्ते इस वन की शोभा में वृद्धि कर रहे हैं। यह सबकुछ तुम लोगों ने देख ही लिया है।

हे गोपियो! अब विलंब न करो और शीघ्रातिशीघ्र ब्रज में लौट जाओ।

तुम लोग कुलीन और सती स्त्री हो। अतः अपने पति के पास जाकर उनकी सेवा-शुश्रूषा करो। तुम्हारे घर के नन्हे-नन्हे बच्चे और गायों के बछड़े रो-रँभा रहे हैं। उन्हें दूध पिलाओ और गायों को दुहो। यदि मेरे प्रेम के अधीन होकर तुम यहाँ आई हो तो इसमें कुछ भी अनुचित नहीं है। यह तुम्हारे लिए सर्वथा योग्य है, क्योंकि जगत् के पशु-पक्षी तक मुझे प्रेम करते और मुझे देखकर प्रसन्न होते हैं।

हे गोपियो! स्त्रियों का परम धर्म यही है कि वे अपने पति और उसके भाई-बंधुओं की निष्कपट भाव से सेवा करें और अपनी संतान का यथोचित ढंग से पालन-पोषण करें। जिन स्त्रियों को उत्तम लोक-प्राप्ति की अभिलाषा हो, वे पापी पति के अलावा किसी और प्रकार के पति का परित्याग न करें—चाहे वह बुरे स्वभाव का, भाग्यहीन, वृद्ध, मूर्ख, रोगी या निर्धन ही क्यों न हो।

कुलीन स्त्रियों के लिए दुराचारी पुरुष की सेवा करना सभी प्रकार से निंदनीय है। इससे उनका लोक-परलोक दोनों बिगड़ते हैं, अर्थात् इस लोक में अपयश मिलता है और स्वर्ग की प्राप्ति भी नहीं होती। वह कुकर्म अत्यंत तुच्छ और क्षणिक है और इसमें प्रत्यक्ष रूप से वर्तमान में भी कष्ट-ही-कष्ट है। इसमें मोक्ष आदि की बात तो बहुत दूर, बल्कि यह साक्षात् परम भय अर्थात् नरक आदि का कारण है।

हे कल्याणी गोपियो! मेरी लीला और गुणों के श्रवण से, मेरे रूप-स्वरूप के दर्शन से और कीर्तन एवं ध्यान से मेरे प्रति जैसे अनन्य प्रेम की प्राप्ति होती है, वैसे प्रेम की प्राप्ति मेरे पास रहने से नहीं होती। अतः तुम सभी इसी समय अपने-अपने घर लौट जाओ।

—श्रीमद्भागवत महापुराण, दशम स्कंध, अध्याय-29, श्लोक-18 से 27 तक

गोपियों को प्रेम का संदेश देते हुए

प्रिय सखियो! जो प्रेम करने पर प्रेम करते हैं, उनका संपूर्ण उद्योग स्वार्थ पर टिका हुआ है, केवल लेन-देन मात्र है। उनमें न तो सौहार्द है और

न ही धर्म। उनका प्रेम केवल स्वार्थ-सिद्धि के लिए है। इसके अलावा उनका कोई उद्‌देश्य नहीं है।

जो लोग प्रेम न करनेवाले से भी प्रेम करते हैं—जैसे स्वभाव से ही करुणाशील सज्जन एवं माता-पिता—उनका हृदय सौहार्द और उदारता से परिपूर्ण होता है। वास्तव में, उनके व्यवहार में निश्छल सत्य एवं पूर्ण धर्म का भाव होता है।

कुछ लोग इस प्रकार के होते हैं कि वे प्रेम करनेवालों से भी प्रेम नहीं करते हैं, प्रेम नहीं करनेवालों का तो उनके सामने कोई प्रश्न ही नहीं है। इस तरह के लोग 4 प्रकार के होते हैं—एक तो वे, जो अपने आप में ही मस्त होते हैं और जिनकी दृष्टि में कभी द्वैत का आभास ही नहीं होता। दूसरे वे, जिन्हें द्वैत का आभास तो होता है, परंतु वे कृतकृत्य हो चुके हैं और उन्हें किसी से कोई प्रयोजन ही नहीं रहता। तीसरे वे, जो यह नहीं जानते हैं कि उनसे कौन प्रेम करता है। चौथे वे, जो उनका हित करनेवाले परोपकारी गुरु के समान लोगों से जान-बूझकर द्रोह करते हैं, उन्हें सताते हैं।

मैं प्रेम करनेवालों से भी प्रेम का वैसा व्यवहार नहीं करता जैसा करना चाहिए। मैं ऐसा केवल इस कारण से करता हूँ कि उनकी चित्तवृत्ति और अधिक मेरी ओर लगे और निरंतर लगी रहे। जिस प्रकार निर्धन व्यक्ति को कभी बहुत सा धन मिल जाए और फिर खो जाए तो उसका मन खोए हुए धन की चिंता से व्याकुल हो उठता है, उसी प्रकार मैं भी मिल-मिलकर छिप जाता हूँ।

हे गोपियो! इसमें कोई संदेह नहीं है कि तुमने मेरे लिए लोक-मर्यादा, वेद-मार्ग और अपने सगे-संबंधियों का भी त्याग कर दिया है। ऐसी स्थिति में तुम्हारी मनोवृत्ति कहीं भटक नहीं जाए, अपने सौंदर्य और सुहाग की चिंता में व्याकुल न हो उठे, बल्कि मुझमें ही लगी रहे। इसी कारण अप्रत्यक्ष रूप से तुम सभी से प्रेम करते हुए ही मैं छिप गया था। अतः तुम मेरे प्रेम पर दोषारोपण न करो। तुम सभी मेरी प्रियतमा हो और मैं तुम सभी का प्रियतम हूँ।

प्रिय गोपियो! तुम सभी ने मेरे लिए घर-गृहस्थी के उन बंधनों को छिन्न-भिन्न कर डाला है, जिन्हें बड़े-बड़े योगी व तपस्वी भी नहीं तोड़ सके। मेरे साथ तुम्हारा यह मिलन, यह आत्मिक संयोग सर्वथा निर्मल और निर्दोष है। यदि मैं अमर शरीर, अमर जीवन से अनंत काल तक तुम्हारे निस्स्वार्थ प्रेम, सेवा और त्याग का बदला चुकाना चाहूँ तो भी नहीं चुका सकता। मैं जन्म-जन्म के लिए तुम्हारा ऋणी हूँ। तुम अपने सौम्य स्वभाव और प्रेम से उऋण कर सकती हो, परंतु मैं तो तुम्हारा ऋणी ही हूँ।

—श्रीमद्‌भागवत महापुराण, दशम स्कंध,
अध्याय-32, श्लोक-17 से 22 तक

गिरिराज का यजन

हमारे पास न तो किसी देश का राज्य है और न ही बड़े-बड़े नगर हमारे अधीन हैं। हमारे पास गाँव या घर भी नहीं हैं। हम तो सदा-सर्वदा के वनवासी हैं। वन और पहाड़ ही हमारे घर हैं। अत: हमें गायों, ब्राह्मणों एवं गिरिराज के यजन की तैयारी करनी चाहिए। इंद्र-यज्ञ हेतु जो सामग्रियाँ एकत्रित की गई हैं, उन्हीं से इस यज्ञ का अनुष्ठान होने दें।

विभिन्न प्रकार के पकवान—खीर, हलवा, मालपुआ आदि से लेकर मूँग की दाल तक बनाए जाएँ। ब्रज का समस्त दूध एकत्रित कर लिया जाए।

वेदपाठी ब्राह्मणों द्वारा भली प्रकार हवन करवाया जाए और उन्हें अनेक प्रकार के अन्न, गायें एवं दक्षिणाएँ दी जाएँ। चांडाल, पतित एवं कुत्तों तक को यथायोग्य वस्तुएँ देकर गायों को चारा दिया जाए और फिर गिरिराज को भोग लगाया जाए।

इसके पश्चात् खूब प्रसाद खा-पीकर, सुंदर-सुंदर वस्त्र धारण करके आभूषण से सुसज्जित हो लिया जाए और चंदन लगाकर गाय, ब्राह्मण, अग्नि एवं गिरिराज गोवर्धन की प्रदक्षिणा की जाए।

मेरी ऐसी ही सम्मति है। यदि आप लोगों को रुचिकर लगे तो ऐसा ही

करें। ऐसा यज्ञ गाय, ब्राह्मण और गिरिराज को तो प्रिय होगा ही, मुझे भी अत्यंत प्रिय है।

—श्रीमद्भागवत महापुराण, दशम स्कंध,
अध्याय-24, श्लोक-24 से 30 तक

चित्त का भ्रम

जिस मनुष्य का मन अशांत और असंयत है, उसी को पागल की भाँति एक की अनेक वस्तुएँ प्रतीत होती हैं। वास्तव में यह चित्त का भ्रम है। अनेकत्व का भ्रम हो जाने पर ही 'गुण' और 'दोष' की कल्पना करनी पड़ती है। जिस मनुष्य की बुद्धि में गुण और दोष का भेद बैठ गया है, दृढ़मूल हो गया है, उसी के लिए कर्म (विहित कर्म), अकर्म (विहित कर्म का लोप) और अकर्म (निषिद्ध कर्म) का भेद प्रतिपादित हुआ है।

—श्रीमद्भागवत महापुराण, एकादश स्कंध,
अध्याय-7, श्लोक-8

यह बुद्धि का बंधन अहंकार की ही रचना है और यती आत्मा के परिपूर्णतम सत्य, अखंड ज्ञान और परमानंद स्वरूप को छिपा देता है। इस बात को जानकर विरक्त हो जाना और तीन अवस्थाओं में अनुगत अपने तुरीय स्वरूप में होकर संसार की चिंता छोड़ देनी चाहिए।

जब तक पुरुष की भिन्न-भिन्न पदार्थों में सत्यत्व बुद्धि, अहं बुद्धि और ममत्व बुद्धि युक्तियों के द्वारा निवृत्त नहीं हो जाती, तब तक यद्यपि वह अज्ञानी रहता है, तथापि सोता हुआ-सा जैसे स्वप्नावस्था में ही रहता है।

आत्मा से अन्य देह आदि प्रतीयमान नाम-रूपात्मक प्रपंच का कुछ भी अस्तित्व नहीं है। अत: उनके कारण होनेवाले वर्णाश्रम आदि भेद, स्वर्ग आदि फल और उनके कारणभूत कर्म आदि सभी आत्मा के लिए उसी प्रकार मिथ्या हैं, जिस प्रकार स्वप्नदर्शी पुरुष के द्वारा देखे जानेवाले सभी पदार्थ मिथ्या होते हैं।

जो जाग्रतावस्था में समस्त इंद्रियों के द्वारा बाहर दिखाई देनेवाले सभी क्षण-भंगुर पदार्थों को अनुभव करता है और स्वप्नावस्था में दिखाई देनेवाले पदार्थों के समान ही वासनामय विषयों का अनुभव करता है और सुषुप्तावस्था में उन सभी विषयों को समेटकर उनकी लय को भी अनुभव करता है, वह एक ही है। जाग्रतावस्था के इंद्रिय, स्वप्नावस्था के मन और सुषुप्तावस्था की संस्कारमयी बुद्धि का भी वही स्वामी है। वह त्रिगुणमयी तीनों अवस्थाओं का साक्षी है। 'जो मैंने स्वप्न देखा, जो मैं सोया, वही मैं जाग रहा हूँ'—इस स्मृति के बल पर एक ही आत्मा का समस्त अवस्थाओं में होना सिद्ध हो जाता है।

मन की तीनों अवस्थाएँ गुणों के द्वारा मेरी माया से मेरे अंश स्वरूप जीव में कल्पित की गई है और आत्मा में ये उपनिषदों के श्रवण और तीक्ष्ण ज्ञान खड्ग के द्वारा समस्त संशयों के आधार अहंकार का छेदन करके हृदय में स्थिर मुझ परमात्मा का भजन करना चाहिए।

यह जगत् मन का विलास है और दिखाई देने पर भी नष्टप्राय है, अलातचक्र (लुकारियों की बनेठी) के समान अत्यंत चंचल है और भ्रम मात्र है—ऐसा समझना चाहिए। ज्ञाता और ज्ञेय के भेद से रहित एक ज्ञान-स्वरूप आत्मा ही अनेक सा प्रतीत हो रहा है। यह स्थूल शरीर इंद्रिय और अंत:करण रूप तीन प्रकार का विकल्प गुणों के परिणाम की रचना है तथा स्वप्न के समान माया का खेल है, अज्ञान से कल्पित है। अत: उस देह आदि रूपी दृश्य से दृष्टि हटाकर तृष्णा-रहित इंद्रियों के व्यापार से हीन और निरीह होकर आत्मानंद के अनुभव में मग्न हो जाए। कभी-कभी आहार आदि के समय यद्यपि यह देह आदि प्रपंच देखने में आता है, तथापि यह पहले ही आत्मवस्तु से अतिरिक्त और मिथ्या समझकर छोड़ा जा चुका है। अत: वह पुन: भ्रांति-मूलक मोह उत्पन्न करने में समर्थ नहीं हो सकता। देहपातपर्यंत केवल संस्कार मात्र उसकी प्रतीति होती है।

मदिरापान करके जिस प्रकार उन्मत्त पुरुष यह नहीं देखता कि मेरे द्वारा पहना हुआ वस्त्र शरीर पर है या गिर गया, उसी प्रकार सिद्ध पुरुष ने जिस

शरीर से अपने स्वरूप का साक्षात्कार किया है, वह भाग्यवश खड़ा है, बैठा है या कहीं गया अथवा आया है, नश्वर शरीर संबंधी बातों पर दृष्टि नहीं डालता।

प्राण और इंद्रियों के साथ ही यह शरीर ही प्रारब्ध के अधीन है। अतः अपने आरंभक (बनानेवाले) कर्म जब तक हैं, तब तक उनकी प्रतीक्षा करता रहता है; किंतु आत्मवस्तु का साक्षात्कार करनेवाला और समाधिपर्यंत योग में आरूढ़ पुरुष, स्त्री, पुत्र, धन आदि प्रपंच सहित उस शरीर को पुनः कभी स्वीकार नहीं करता, ठीक उसी प्रकार जैसे जागा हुआ पुरुष स्वप्नावस्था के शरीर आदि को स्वीकार नहीं करता।

—श्रीमद्‌भागवत महापुराण, एकादश स्कंध, अध्याय-13, श्लोक-29 से 37 तक

जरासंध के कारागार से मुक्त कराए गए राजाओं से

हे नरपतियो! तुम लोगों ने जिस प्रकार की इच्छा प्रकट की है, उसके अनुसार आज से तुम लोगों की मुझमें निश्चय ही सुदृढ़ भक्ति होगी। जान लो कि मैं ही सबका आत्मा और स्वामी हूँ। तुम सभी ने जो निश्चय किया है, वह वास्तव में तुम्हारे लिए बड़े सौभाग्य और आनंद की बात है। तुमने मुझसे जो कहा, वह पूर्णतया उचित है। मैं जानता हूँ कि धन-संपत्ति और ऐश्वर्य के मद में चूर होकर बहुत से लोग उन्मादी हो जाते हैं।

हैहय, नहुष, वेन, रावण और नरकासुर आदि अनेक देवता, दैत्य एवं नरपति श्रीमद् के अहंकार में अपने स्थान से पदच्युत हो चुके हैं। तुम सभी लोग यह समझ लो कि शरीर और इसके संबंधी जन्म लेते हैं, अतः उनकी मृत्यु भी निश्चित है। उनमें आसक्ति न रखो। सावधानीपूर्वक मन और इंद्रियों को वश में करके यज्ञों के द्वारा मेरा यजन करो और धर्मानुसार प्रजा की रक्षा करो।

तुम लोग भोग के लिए नहीं, बल्कि अपनी वंश परंपरा की रक्षा हेतु संतान उत्पन्न करो। प्रारब्ध के अनुसार तुम्हें जन्म-मृत्यु, सुख-दुःख और

लाभ-हानि—जो भी प्राप्त हो, उसे एक समान भाव से मेरा प्रसाद समझकर ग्रहण करो और मुझमें मन लगाकर जीवन व्यतीत करो। देह और देह से संबंधित किसी भी तरह की आसक्ति रखने के बजाय उदासीन रहो। स्वयं में, आत्मा में रमण करो। भजन और आश्रम के अनुसार व्रतों का पालन करो। अपना मन भली प्रकार मुझमें लगाकर अंततः तुम लोग मुझ ब्रह्म-स्वरूप को प्राप्त कर लोगे।

—श्रीमद्भागवत महापुराण, दशम स्कंध,
अध्याय-73, श्लोक-18 से 23 तक

देवकी और वसुदेव से (अवतरण के समय चतुर्भुज रूप में)

हे देवी! स्वायंभुव मन्वंतर में जब तुम्हारा पहला जन्म हुआ था, उस समय तुम्हारा नाम पृश्नि और सुतपा नामक प्रजापति वसुदेव था। तुम दोनों बड़े ही निर्मल हृदय के थे। जब ब्रह्माजी ने तुम दोनों को संतान उत्पन्न करने की आज्ञा दी तो तुमने इंद्रियों का दमन करके परम तप किया। वर्षा, आँधी, सर्दी और गरमी की ऋतुओं में विभिन्न प्रकार के कष्टों को तुम दोनों ने सहन किया और प्राणायाम के द्वारा मन को निर्मल किया।

तुम कभी सूखे पत्ते खा लेते और कभी वायु पीकर ही रह जाते। तुम्हारा चित्त बड़ा शांत था। इस प्रकार तुम दोनों ने मुझसे अभीष्ट वस्तु प्राप्त करने की इच्छा से मेरी आराधना की। मुझमें चित्त लगाकार ऐसा अत्यंत घोर तप करते हुए देवताओं के बारह हजार वर्ष बीत गए।

हे पुण्यात्मा देवी! मैं तुम दोनों पर बहुत प्रसन्न हुआ, क्योंकि तुमने अगाध श्रद्धा, घोर तप और प्रेममयी भक्ति से अपने हृदय में नित्य निरंतर मेरी भावना की थी। तुम्हारी अभिलाषा पूर्ण करने के लिए वर प्रदान करनेवालों का राजा मैं उस समय शंख, चक्र, गदा, पद्म के पूर्ण रूप में प्रकट हुआ था। मैंने तुमसे कहा था, तुम्हारी जो इच्छा हो, मुझसे माँग लो। तब तुम दोनों ने मेरे जैसा पुत्र माँगा। उस समय तक विषय-भोगों से तुम्हारा कोई संबंध नहीं बना था। तुम्हारी कोई संतान भी नहीं थी। मेरी माया से मोहित होकर तुमने

मुझसे मोक्ष नहीं माँगा। तुम्हें अपने जैसा पुत्र देने का वरदान प्रदान करके मैं वहाँ से चला गया। अब सफल मनोरथ होकर तुम दोनों विषयों का भोग करने लगे।

मैंने देखा कि सृष्टि में शील-स्वभाव, उदारता और अन्य गुणों में मेरे जैसा दूसरा कोई और नहीं है। इसी कारण मैं ही तुम दोनों का पुत्र हुआ। उस समय मैं 'पृश्निगर्भ' के नाम से विख्यात हुआ। दूसरे जन्म में तुम अदिति हुईं और वसुदेव हुए कश्यप। उस समय भी मैं तुम्हारा पुत्र हुआ। तब मेरा नाम उपेंद्र था। शरीर छोटा होने के कारण लोग मुझे 'वामन' भी कहते थे।

हे सती देवकी! तुम्हारे इस तीसरे जन्म में भी मैं उसी रूप से तुम्हारा पुत्र हुआ हूँ और मेरी वाणी सदैव सत्य होती है। मैंने अपना यह रूप तुम्हें इसलिए दिखाया है कि तुम्हें मेरे पूर्व के अवतारों का स्मरण हो जाए। यदि मैं ऐसा नहीं करता तो केवल मानव शरीर से मेरे अवतार की पहचान नहीं हो पाती। तुम दोनों मेरे प्रति पुत्र भाव और निरंतर ब्रह्म भाव रखना। इस प्रकार वात्सल्य, स्नेह और चिंतन के द्वारा तुम्हें मेरे परम पद की प्राप्ति होगी।

—श्रीमद्‌भागवत महापुराण, दशम स्कंध,
अध्याय-3, श्लोक-32 से 45 तक

देवकी और वसुदेव से (कंस-वध के पश्चात्)

माताश्री! पिताश्री! हम (कृष्ण और बलराम) आपके पुत्र हैं और आप हमारे लिए सदैव उत्कंठित रही हैं। फिर भी आप हमारे बाल्य, पौगंड और किशोर आयु का सुख हमसे प्राप्त नहीं कर सके। दुर्दैववश हमें आपके साथ रहने का सौभाग्य प्राप्त नहीं हो सका। माता-पिता ही इस शरीर को जन्म देते हैं और इसका लालन-पालन करते हैं, तभी यह शरीर धर्म, अर्थ, काम या मोक्ष की प्राप्ति का साधन बनता है। यदि कोई मनुष्य सौ वर्ष तक जीवित रहकर अपने माता-पिता की सेवा करता रहे, तब भी वह उनके उपहार से उऋण नहीं हो सकता।

जो पुत्र सामर्थ्य रहते हुए भी अपने माता-पिता की तन और धन से

सेवा नहीं करता, उनकी मृत्यु हो जाने के पश्चात् यमदूत उसे उसके स्वयं के शरीर का मांस खिलाते हैं।

जो मनुष्य सामर्थ्य होने के पश्चात् भी वृद्ध माता-पिता, सती पत्नी, अवयस्क संतान, गुरु ब्राह्मण और अपनी शरण में आए हुए का भरण-पोषण नहीं करता, वह जीवित रहते हुए भी शव के समान है।

हमारे इतने दिन व्यर्थ ही व्यतीत हो गए। कंस के भय से उद्विग्न-चित्त रहने के कारण हम आपकी सेवा-शुश्रूषा करने में असमर्थ रहे। माताश्री! पिताश्री!! कृपया आप दोनों हमें क्षमादान दें। दुष्ट कंस ने आपको बहुत अधिक कष्ट दिए, लेकिन हम परतंत्र रहने के कारण आपकी सेवा न कर पाए।

—श्रीमद्भागवत महापुराण, दशम स्कंध,
अध्याय-45, श्लोक-3 से 9 तक

धर्म की शिक्षा

देवर्षि नारद! मैं ही धर्म का उपदेशक, पालन करनेवाला और धर्म का अनुष्ठान करनेवालों का अनुमोदनकर्ता भी हूँ। अत: संसार को धर्म की शिक्षा देने के उद्देश्य से ही मैं इस प्रकार धर्म का आचरण करता हूँ। तुम मेरी यह योगमाया देखकर मोहित न हो जाना।

—श्रीमद्भागवत महापुराण, दशम स्कंध,
अध्याय-69, श्लोक-40

अपने धर्म को देखकर भय करना उचित नहीं है, क्योंकि वीर पुरुष के लिए धर्मयुद्ध से बढ़कर कोई अन्य कल्याणकारी कार्य नहीं है।

अपने आप ही प्राप्त हुए और खुले हुए स्वर्ग के द्वार रूपी युद्ध को भाग्यशाली वीर लोग ही प्राप्त करते हैं।

धर्मयुद्ध में मृत्यु होने पर स्वर्ग मिलेगा और युद्ध जीतकर पृथ्वी का राज्य प्राप्त होगा। इस कारण युद्ध के लिए निश्चय करके खड़ा हो जा।

जय-पराजय, लाभ-हानि और दु:ख-सुख को समान समझकर धर्मयुद्ध

के लिए तैयार हो जा। इस प्रकार युद्ध करने से किसी प्रकार का पाप नहीं लगेगा।

—श्रीमद्भगवद्गीता, अध्याय-2, श्लोक-31 से 38 तक

त्रिगुण का महत्त्व

इस संसार की स्थिति, उत्पत्ति और अंत के कारण क्रमशः सत्त्वगुण, रजोगुण और तमोगुण हैं। यह विविध प्रकार का संपूर्ण जगत् स्त्री-पुरुष के संयोग से रजोगुण के द्वारा उत्पन्न होता है।

—श्रीमद्भागवत महापुराण, दशम स्कंध,
अध्याय-24, श्लोक-22

सत्त्व, रज और तम आदि तीनों गुण इंद्रियों को उनके कर्मों में प्रेरित करते हैं और इंद्रियाँ कर्म करती हैं। प्राणी अज्ञानता के वशीभूत होकर सत्त्व, रज और तम तथा इंद्रियों को ही अपना स्वरूप मानने लगता है। अतः वह इनके कर्मों का फल एवं सुख-दुःख भोगने को विवश है।

—श्रीमद्भागवत महापुराण, एकादश स्कंध,
अध्याय-10, श्लोक-31

सत्त्व, रज और तम—ये तीनों बुद्धि (प्रकृति) के गुण हैं, आत्मा के नहीं। सत्त्व के द्वारा रज और तम पर विजय प्राप्त कर लेनी चाहिए। इसके बाद सत्त्व गुण की शांत वृत्ति के द्वारा उनकी दया आदि वृत्तियों को भी शांत कर देना चाहिए।

सत्त्व गुण की वृद्धि होने पर ही जीव को मेरे भक्ति रूपी स्वधर्म की प्राप्ति होती है। निरंतर सात्त्विक वस्तुओं का सेवन करने से ही सत्त्व गुण की वृद्धि होती है और फिर मेरे भक्ति रूपी स्वधर्म में प्रवृत्ति होने लगती है।

जिस धर्म का पालन करने से सत्त्व गुण की वृद्धि हो, वही सबसे श्रेष्ठ है। वह गुण रजोगुण और तमोगुण को नष्ट कर देता है। जब ये दोनों नष्ट हो

जाते हैं तो इन्हीं के कारण होनेवाला अधर्म भी शीघ्र ही नष्ट हो जाता है। शास्त्र, जल, प्रजाजन, देश, समय, कर्म, जन्म, ध्यान, मंडा एवं संस्कार आदि दस वस्तुएँ यदि सात्त्विक हों तो सत्त्व गुण की, राजसिक हों तो रजोगुण की और तामसिक हों तो तमोगुण की वृद्धि करती हैं।

शास्त्रज्ञ महात्मा जिन वस्तुओं की प्रशंसा करते हैं, वे सात्त्विक, जिनकी निंदा करते हैं, वे तामसिक और जिनकी उपेक्षा करते हैं, वे वस्तुएँ राजसिक हैं।

जब तक अपने आत्मा का साक्षात्कार और स्थूल-सूक्ष्म शरीर और इनके कारण तीनों गुणों की निवृत्ति न हो, तब तक मनुष्य को चाहिए कि सत्त्व गुण की वृद्धि के लिए सात्त्विक शास्त्र आदि का पालन करे। उससे धर्म की वृद्धि होती है और धर्म की वृद्धि से अंतःकरण शुद्ध होकर आत्म तत्त्व का ज्ञान होता है।

बाँसों की रगड़ से अग्नि उत्पन्न होती है और वह उनके पूरे वन को जलाकर शांत होती है। इसी प्रकार शरीर गुणों की विषमता से उत्पन्न हुआ है। विचार द्वारा मंथन करने पर इससे ज्ञानाग्नि उत्पन्न होती है और वह समस्त शरीर व गुणों को जलाकर शांत हो जाती है।

—श्रीमद्भागवत महापुराण, एकादश स्कंध,
अध्याय-13, श्लोक-1 से 7 तक

जीव जब अज्ञानता के वशीभूत हो अपने स्वरूप को भूलकर हृदय से सूक्ष्म-स्थूल आदि शरीर में अहं बुद्धि कर बैठता है, जो सर्वथा भ्रम है, तो उसका सत्त्व प्रधान मन घोर रजोगुण की ओर आकर्षित हो जाता है, उससे व्याप्त हो जाता है।

जब मन में रजोगुण की प्रधानता होती है तो उसमें संकल्प-विकल्प का ताँता बँध जाता है। अब वह विषयों का चिंतन करने लगता है और अपनी दुर्बुद्धि के कारण काम के फंदे में फँस जाता है, जिससे फिर मुक्ति मिलना बहुत ही कठिन है।

अज्ञानता के कारण और काम के वशीभूत होकर जीव अनेक प्रकार के कर्म करने लगता है। यह जानते हुए भी कि इन कर्मों का फल दुःख ही है, जीव इंद्रियों के वशीभूत हो इन्हें ही करता है। उस समय वह रजोगुण के तीव्र वेग से अत्यंत मोहित रहता है।

विवेकी पुरुष का चित्त भी कभी-कभी यद्यपि रजोगुण और तमोगुण के वेग से विक्षिप्त रहता है, तथापि उसकी विषयों में दोष-दृष्टि बनी रहती है। अतः वह बड़ी सावधानी से अपने चित्त को एकाग्र करने की चेष्टा करता रहता है, जिससे विषयों में उसकी आसक्ति नहीं होती है।

—श्रीमद्‌भागवत महापुराण, एकादश स्कंध, अध्याय-13, श्लोक-9 से 12 तक

जिस ज्ञान से मनुष्य पृथक्-पृथक् सभी भूतों में एक अविनाशी परमात्मा भाव को विभाग-रहित समभाव से स्थित देखता है, उस ज्ञान को सात्त्विक समझना चाहिए।

जिस ज्ञान से मनुष्य सभी भूतों में भिन्न-भिन्न प्रकार के नाना भावों को अलग-अलग जानता है, उस ज्ञान का राजस समझना चाहिए।

जो ज्ञान एक कार्यरूप शरीर में ही संपूर्ण के समान आसक्त है तथा जो बिना युक्तिवाला, तात्त्विक अर्थ से रहित एवं तुच्छ है, उसे तामस समझना चाहिए।

जो कर्म शास्त्र विधि से नियत किया हुआ और कर्तापन के अभिमन से रहित हो तथा फल न चाहनेवाले पुरुष द्वारा बिना किसी राग-द्वेष के किया गया हो, उसे सात्त्विक समझना चाहिए।

जो कर्म बहुत परिश्रम से युक्त होता है तथा भोगों को चाहनेवाले पुरुष द्वारा या अहंकार-युक्त पुरुष द्वारा किया जाता है, वह कर्म राजस कहा जाता है।

जो कर्म परिणाम, हानि, हिंसा तथा सामर्थ्य को न विचार कर केवल अज्ञान से आरंभ किया जाता है, उसे तामस कहा जाता है।

जो कर्ता संगरहित, अहंकार के वचन से बोलनेवाला, धैर्य और उत्साह से युक्त तथा कार्य के सिद्ध होने और न होने में हर्ष-शोकादि विकारों से रहित है, उसे सात्त्विक कहा जाता है।

जो कर्ता आसक्ति से युक्त, कर्मों के फल को चाहनेवाला और लोभी है तथा दूसरों को कष्ट देने के स्वभाववाला, अशुद्धाचारी और हर्ष-शोक से लिप्त है, उसे राजस समझना चाहिए।

जो कर्ता अयुक्त, शिक्षा से रहित, घमंडी, धूर्त और दूसरों की जीविका का नाश करनेवाला तथा शोक करनेवाला, आलसी और दीर्घसूत्री है, उसे तामस समझना चाहिए।

बुद्धि और धृति का भी गुणों के अनुसार भेद संपूर्णता से इस प्रकार है—जो बुद्धि प्रवृत्ति और निवृत्ति मार्ग को, कर्तव्य और अकर्तव्य को, भय और अभय को तथा बंधन एवं मोक्ष को यथार्थ जानती है, उस बुद्धि को सात्त्विकी समझना चाहिए। मनुष्य जिस बुद्धि के द्वारा धर्म व अधर्म को और कर्तव्य व अकर्तव्य को भी यथार्थ नहीं जानता, उसे राजसी समझना चाहिए।

जो तमोगुण से घिरी हुई बुद्धि अधर्म को भी 'यह धर्म है', ऐसा मान लेती है तथा इसी प्रकार अन्य संपूर्ण पदार्थों को भी विपरीत मान लेती है, उसे तामसी समझना चाहिए।

जिस अव्यभिचारिणी धारण शक्ति से ध्यान योग के द्वारा अत्यंत आसक्ति से धर्म, अर्थ और कामों को धारण करता है, उस धारण शक्ति को राजसी समझना चाहिए।

दुष्ट बुद्धिवाला मनुष्य जिस धारण शक्ति के द्वारा निद्रा, भय, चिंता और दुःख तथा उन्माद को भी नहीं छोड़ता, उस धारण को तामसी समझना चाहिए।

जिस सुख में साधक मनुष्य भजन, ध्यान और सेवादि के अभ्यास से रमण करता है और जिससे दुःखों के अंत को प्राप्त हो जाता है—जो ऐसा सुख है, वह आरंभकाल में यद्यपि विष के समान प्रतीत होता है, परंतु परिणाम में अमृत के समान है। अतः वह परमात्म विषयक बुद्धि के प्रसाद से उत्पन्न होनेवाला सुख समझना चाहिए।

जो सुख विषय और इंद्रियों के संयोग से होता है, वह पहले भोगकाल में अमृत के समान प्रतीत होने पर भी परिणाम में विष के समान है, इसलिए उस सुख को राजस समझना चाहिए।

जो सुख भोगकाल में तथा परिणाम में भी आत्मा को मोहित करनेवाला है—वह निद्रा, आलस्य और प्रमाद से उत्पन्न सुख तामस समझना चाहिए।

—श्रीमद्भगवद्गीता, अध्याय-18, श्लोक-20 से 39 तक

धर्म

अच्छी प्रकार आचरण में लाए हुए दूसरे के धर्म से गुण-रहित होते हुए भी अपना धर्म अत्युत्तम है। अपने धर्म में मृत्यु भी कल्याणकारी है, जबकि दूसरे का धर्म भय देनेवाला है।

—श्रीमद्भगवद्गीता, अध्याय-3, श्लोक-35

अपने वर्ण और आश्रम के अनुकूल धर्म में स्थित रहकर यज्ञों द्वारा बिना किसी आशा व कामना के मेरी आराधना करनेवाला और निषिद्ध कर्मों से दूर रहकर केवल विहित कर्मों का ही आचरण करनेवाला स्वर्ग या नरक का भागी नहीं होता, बल्कि उसे मेरी प्राप्ति होती है।

अपने धर्म में निष्ठा रखनेवाला मनुष्य शरीर में रहते हुए ही निषिद्ध कर्म का परित्याग कर देता है और राग आदि मलों से मुक्त (पवित्र) हो जाता है। इसी कारण अनायास ही उसे आत्म-साक्षात्कार रूपी विशुद्ध तत्त्वज्ञान होने से मेरी भक्ति प्राप्त हो जाती है।

—श्रीमद्भागवत महापुराण, एकादश स्कंध
अध्याय-20, श्लोक-10 से 11 तक

धीर पुरुष

जीवात्मा की इस देह में जिस प्रकार बाल्यावस्था, युवावस्था और

वृद्धावस्था होती है, ठीक उसी प्रकार अन्य देह की प्राप्ति होती है। इस विषय में धीर पुरुष मोहित नहीं होता।

—श्रीमद्भगवद्गीता, अध्याय-2, श्लोक-13

नरक और दुःख का भागी

दुष्टों की संगति में पड़कर अधर्मपरायण होनेवाला, इंद्रियों के वशीभूत होकर मनमानी करनेवाला, लोभ के वशीभूत हो कृपणता करनेवाला, लंपट स्वभाव का और विधि के विरुद्ध पशुओं की बलि देकर भूत-प्रेतों की उपासना करनेवाला पशुओं से भी निम्न कोटि का होता है और अवश्य ही नरक का भागी बनता है। उसे स्वार्थ-परमार्थ से रहित अज्ञान के घोर अंधकार में ही भटकना पड़ता है।

सकाम और बहिर्मुख करनेवाले कर्मों का फल दुःखदायी ही होता है। जो प्राणी शरीर में अहंकार-मोह के वशीभूत हो उन्हीं में लग जाता है, उसे बारंबार पुनर्जन्म और पुनर्मृत्यु का सामना करना पड़ता है। ऐसी स्थिति में मृत्युधर्मा प्राणी को क्या सुख मिल सकता है।

—श्रीमद्भागवत महापुराण, एकादश स्कंध,
अध्याय-10, श्लोक-27 से 29 तक

सत्त्वगुण में स्थित पुरुष स्वर्ग आदि लोक में जाते हैं, रजोगुण में स्थित पुरुष मध्य अर्थात् मनुष्य लोक में ही रहते हैं। तमोगुण पुरुष अधोगति अर्थात् कीट, पशु आदि निम्न योनियों तथा नरक के भागी बनते हैं।

—श्रीमद्भगवद्गीता, अध्याय-14, श्लोक-18

नंद बाबा से आभार व्यक्त करते हुए

पिताश्री, आपने और माता यशोदा ने बड़े स्नेह व वात्सल्य से हमारा पालन-पोषण किया है। निस्संदेह माता-पिता का संतान पर अपने से भी अधिक स्नेह होता है। पालन-पोषण न कर सकने के कारण जिन्हें स्वजनों-

संबंधियों ने त्याग दिया हो, उन बालकों को जो लोग अपने पुत्र के समान प्रेमपूर्वक पालते हैं, वास्तव में वे ही उनके माता-पिता होते हैं। पिताश्री, अब आप ब्रज में जाइए। निस्संदेह हमसे वात्सल्य-स्नेह के कारण आपको हमारे बिना बहुत दुःख होगा। यहाँ (मथुरा) के निकट संबंधियों को दुःखी करके शीघ्र ही हम आपसे मिलने के लिए आएँगे।

—श्रीमद्भागवत महापुराण, दशम स्कंध,
अध्याय-45, श्लोक-21 से 23 तक

नलकूबर और मणिग्रीव की मुक्ति के समय

तुम लोग (नलकूबर और मणिग्रीव) श्रीमद से अंधे हो रहे थे। मैं पहले से ही यह बात जानता था कि करुणात्मा देवर्षि नारद ने शाप देकर तुम्हारा ऐश्वर्य नष्ट कर दिया और इस तरह तुम्हारे ऊपर कृपा की।

जिन साधु पुरुषों की बुद्धि समदर्शिनी है और हृदय मेरे प्रति पूर्ण रूप से समर्पित है, उनके दर्शन से बंधन होना उसी प्रकार संभव नहीं है, जिस प्रकार सूर्योदय होने पर मनुष्यों के नेत्रों के सामने अंधकार का होना।

अतएव नलकूबर और मणिग्रीव! तुम लोग मेरे परायण होकर अपने-अपने घर जाओ। तुमको संसार-चक्र से मुक्ति दिलानेवाले अनन्य भक्ति भाव की है, जो तुम्हारे लिए अभीष्ट प्राप्ति हो गई है।

—श्रीमद्भागवत महापुराण, दशम स्कंध,
अध्याय-10, श्लोक-40 से 42 तक

निष्काम भाव

साधक को हर प्रकार से मेरी शरण में रहकर मेरे द्वारा उपदिष्ट अपने धर्म का सावधानीपूर्वक पालन करना चाहिए। इसके साथ ही जहाँ तक भी उनसे विरोध न हो, वहाँ तक निष्काम भाव से अपने वर्ण, आश्रम और कुल के अनुसार सदाचार का भी अनुष्ठान करना चाहिए।

निष्काम होने का उपाय यह है कि स्वधर्मों का पालन कर चित्त की शुद्धि के पश्चात् यह विचार करें कि जगत् के विषयी जीव शब्द, स्पर्श और रूप आदि विषयों का यथार्थ जानकर उन्हें प्राप्त करने के जो प्रयास करते हैं, उनसे उनका उद्‌देश्य सुख प्राप्त करना होता है, जबकि उन्हें दुःख मिलता है। इस बारे में विचार करना चाहिए कि मनुष्य स्वप्नावस्था में और मनोरथ सिद्ध करते हुए जाग्रतावस्था में भी मन-ही-मन अनेक विषयों का अनुभव करता है; किंतु उसकी यह समस्त कल्पना वस्तु-शून्य होने के कारण व्यर्थ है। इसी प्रकार इंद्रियों के द्वारा होनेवाली भेद-बुद्धि भी व्यर्थ है, क्योंकि यह भी इंद्रियजन्य और विभिन्न वस्तु विषयक होने के कारण पूर्णतया असत्य है।

जो मनुष्य मेरी शरण में है, उसे अंतर्मुख करनेवाले निष्काम भाव अपनाते हुए नित्यकर्म करने चाहिए। बहिर्मुख बनानेवाले या सकाम कर्मों का उसे त्याग कर देना चाहिए। जब आत्मज्ञान की तीव्र इच्छा जाग्रत् हो जाए तो कार्य संबंधी विधानों का भी सम्मान नहीं करना चाहिए।

—श्रीमद्‌भागवत महापुराण, एकादश स्कंध,
अध्याय-10, श्लोक-1 से 4 तक

परम शांति

अनेक नदियों की धाराएँ जिस प्रकार सभी ओर से परिपूर्ण, अचल प्रतिष्ठावाले समुद्र में उसे विचलित न करते हुए समा जाती हैं, उसी प्रकार सभी भोग जिस स्थितप्रज्ञ पुरुष में किसी प्रकार का विकार उत्पन्न किए बिना ही समा जाते हैं, वही पुरुष परम शांति को प्राप्त होता है, भोगों में आसक्त होनेवाला नहीं।

जो पुरुष समस्त कामनाओं का त्याग करके ममता, अहंकार और स्पृहा से रहित होकर विचरण करता है, वही शांति को प्राप्त करता है। यह ब्रह्म को प्राप्त पुरुष की स्थिति है। इसे प्राप्त करने के बाद योगी कभी मोहित नहीं होता है और अंतकाल में भी इसी ब्राह्मी स्थिति में स्थित होकर ब्रह्मानंद

(परम शांति) को प्राप्त कर लेता है।

—श्रीमद्‌भगवद्‌गीता, अध्याय-2, श्लोक-70 से 72 तक

परब्रह्म की महिमा

जो पुरुष वेदों का पारगामी विद्वान् हो, परब्रह्म के ज्ञान से रहित हो, उसका सारा परिश्रम उसी प्रकार निष्फल होता है, जिस प्रकार बिना दूध की गाय को पालनेवाले का भ्रम निष्फल होता है।

दूध न देनेवाली गाय, व्यभिचारिणी स्त्री, पराधीन शरीर, दुष्ट पुत्र, सत्पात्र के पास होने पर भी दान न किया हुआ धन और मेरे (परब्रह्म के) गुणों से रहित वाणी सर्वथा व्यर्थ है। इनकी देख-रेख करनेवाला दुःखों को भोगता है।

जिस वाणी में जगत् की उत्पत्ति, स्थिति और प्रलय रूप मेरी (परब्रह्म की) लोक-पावन लीला का वर्णन न हो और लीलावतारों में मेरे लोकप्रिय राम-कृष्ण आदि अवतारों का गुणगान न हो, वह वाणी वंध्या (निरर्थक) है। विद्वान् पुरुष को ऐसी वाणी का आचरण एवं श्रवण नहीं करना चाहिए।

विद्वान् पुरुष को चाहिए कि वह आत्म-जिज्ञासा और विचार के द्वारा आत्मा में जो अनेकता का भ्रम है, उसे दूर कर देना चाहिए। इसके पश्चात् मुझ सर्वव्यापी (परब्रह्म) परमात्मा में निर्मल मन लगाकर संसार के व्यवहारों से उपराम हो जाना चाहिए।

यदि अपना मन परब्रह्म में स्थिर न कर सको तो सभी कार्य निरपेक्ष भाव से मेरे लिए ही करो।

मेरी कथाएँ समस्त लोकों को पवित्र करनेवाली और कल्याण रूपिणी हैं। उन्हें श्रद्धापूर्वक सुनना चाहिए। बारंबार मेरे अवतार और लीलाओं का गान, स्मरण और अभिनय करना चाहिए। जो इस प्रकार का आचरण करता है, उसे मुझ अविनाशी परब्रह्म के प्रति अनन्य प्रेम से परिपूर्ण भक्ति प्राप्त होती है।

—श्रीमद्‌भागवत महापुराण, एकादश स्कंध,
अध्याय-11, श्लोक-18 से 24 तक

परमेश्वर का स्वरूप

जिस परमेश्वर का परोक्ष रूप से वर्णन किया जाता है, वे साक्षात् अपरोक्ष प्रत्यक्ष ही हैं, क्योंकि वे ही समस्त वस्तुओं की सत्ता-स्फूर्ति—जीवनदान करनेवाले हैं। वे ही अनाहत नाद-स्वरूप परावाणी नामक प्राण के साथ मूलाधार चक्र में प्रवेश करते हैं। इसके बाद मणिपूर चक्र (नाभि स्थान) में आकर पश्यंती वाणी का मनोमय सूक्ष्म रूप धारण करते हैं, फिर कंठ प्रदेश में स्थित विशुद्ध नामक चक्र में आते हैं और वहाँ मध्यमा वाणी के रूप में व्यक्त होते हैं। तत्पश्चात् क्रमशः मुख में आकर ह्रस्व-दीर्घादि मात्रा, उदात्त-अनुदात्त आदि स्वर तथा ककार आदि वर्ण रूपी स्थूल—वैखरी वाणी का रूप ग्रहण कर लेते हैं।

अग्नि आकाश में ऊष्मा अथवा विद्युत् के रूप से अव्यक्त रूप में स्थित है। जब बलपूर्वक काष्ठ-मंथन किया जाता है, तब वायु की सहायता से वह पहले अत्यंत सूक्ष्म चिनगारी के रूप में प्रकट होती है और फिर आहुति देने पर प्रचंड रूप धारण कर लेती है। इसी प्रकार मैं भी शब्द ब्रह्म स्वरूप से क्रमशः परा, पश्यंती, मध्यमा और वैखरी वाणी के रूप में प्रकट होता हूँ।

मुख से बोलना, हाथों से काम करना, पैरों से चलना, मूत्रेंद्रिय और गुदा से मल-मूत्र त्यागना, नाक से सूँघना, जिह्वा से चखना, नेत्रों से देखना, कानों से सुनना, त्वचा से स्पर्श करना, मन से संकल्प-विकल्प करना, बुद्धि से समझना, अहंकार से अभिमान करना, महत्त्व के रूप में सबका ताना-बाना बुनना और सत्त्वगुण, रजोगुण व तमोगुण से सभी विकार आदि समस्त कर्ता, कारण और कर्म मेरी ही अभिव्यक्तियाँ हैं।

सबको जीवित करनेवाला परमेश्वर ही इस त्रिगुणमय ब्रह्मांड-कमल का कारण है। यह आदि पुरुष पहले एक और अव्यक्त था। उपजाऊ खेत में बोया हुआ बीज जिस प्रकार शाखा, पत्र, पुष्प आदि अनेक रूप धारण कर लेता है, उसी प्रकार कालगति से माया का आश्रय लेकर शक्ति-विभाजन के द्वारा परमेश्वर ही अनेक रूपों में प्रतीत होने लगता है।

धागों के ताने-बाने में जिस प्रकार वस्त्र ओत-प्रोत रहता है, उसी प्रकार

यह संपूर्ण ब्रह्मांड परमेश्वर में ही ओत-प्रोत है। सूत के अभाव में जिस प्रकार वस्त्र का कोई अस्तित्व नहीं है, किंतु सूत वस्त्र के बिना भी रह सकता है, ठीक उसी प्रकार इस जगत् के न रहने पर भी परमेश्वर रहता है; परंतु यह जगत् वास्तव में परमात्म स्वरूप ही है, मगर परमात्मा के बिना इसका कोई अस्तित्व नहीं है। यह संसार रूपी वृक्ष अनादि और प्रवाह रूप से नित्य है। इसका स्वरूप ही कर्म की परंपरा और फल-फूल ही मोक्ष एवं भोग हैं।

—श्रीमद्भागवत महापुराण, एकादश स्कंध, अध्याय-12, श्लोक-17 से 21 तक

देवता, मनुष्य, पशु-पक्षी आदि सभी शरीर पंचभूतात्मक होने के कारण अभिन्न ही हैं और परमार्थ रूप से भी अभिन्न हैं। ऐसी स्थिति में 'आप कौन हैं?' जैसा प्रश्न केवल वाणी का ही प्रभाव है। यह विचारपूर्वक नहीं है, अत: निरर्थक है। मन से, वाणी से, दृष्टि से तथा अन्य इंद्रियों से जो कुछ भी ग्रहण किया जाता है, वह सब मैं ही हूँ, मुझसे भिन्न और कुछ भी नहीं। यह विचार तत्त्व सिद्धांत के द्वारा समझ लेना चाहिए।

यह चित्त चिंतन करते हुए ही विषयाकार हो जाता है और विषय चित्त में प्रविष्ट हो जाते हैं—यद्यपि यह बात सत्य है, तथापि विषय और चित्त दोनों ही मेरे स्वरूपभूत जीव की देह हैं, उपाधि हैं—अर्थात् आत्मा का चित्त और विषय के साथ कोई संबंध नहीं है। अत: बारंबार विषयों का सेवन करने से चित्त विषय में आसक्त हो जाता है और विषय भी चित्त में प्रविष्ट हो जाते हैं। इन दोनों को अपने वास्तविक स्वरूप से अभिन्न मुझ परमात्मा का साक्षात्कार करके त्याग देना चाहिए।

—श्रीमद्भागवत महापुराण, एकादश स्कंध, अध्याय-13, श्लोक-23 से 26 तक

हे अर्जुन! मेरे और तुम्हारे बहुत से जन्म हो चुके हैं। उन सभी को तुम

नहीं जानते, किंतु मैं जानता हूँ।

मैं अजन्मा, अविनाशी स्वरूप और समस्त प्राणियों का ईश्वर होते हुए भी अपनी प्रकृति को अधीन करके अपनी ही योगमाया से प्रकट होता हूँ।

जब-जब धर्म की हानि और अधर्म की वृद्धि होती है, तब-तब ही मैं पृथ्वी पर अवतार लेकर प्रकट होता हूँ।

सज्जनों का उद्धार करने, पापियों का नाश करने और धर्म की स्थापना के लिए मैं विभिन्न युगों में प्रकट होता हूँ।

मेरे जन्म और कर्म दिव्य अर्थात् निर्मल और अलौकिक हैं—जो मनुष्य इस प्रकार तत्त्व से जान लेता है, उसे शरीर त्यागने के बाद पुनः जन्म नहीं लेना पड़ता, क्योंकि वह मुझे प्राप्त हो जाता है।

जिन मनुष्यों के राग, भय और क्रोध पहले भी सर्वथा नष्ट हो गए थे और जो मुझमें अनन्य प्रेम-भक्ति के साथ स्थित रहते थे, मेरे आश्रित रहनेवाले इस तरह के बहुत से भक्त ज्ञान रूपी तप से पवित्र होकर मेरे स्वरूप को प्राप्त हो चुके हैं।

जो भक्त मुझे जिस प्रकार भजते हैं, मैं भी उन्हें उसी प्रकार भजता हूँ; क्योंकि सभी मनुष्य सब प्रकार से मेरे ही मार्ग का अनुसरण करते हैं।

—श्रीमद्भगवद्गीता, अध्याय-4, श्लोक-5 से 11 तक

पृथ्वी, जल, अग्नि, वायु, आकाश, मन, बुद्धि और अहंकार आदि आठ प्रकार से विभाजित मेरी प्रकृति है, जो अपरा अर्थात् जड़ प्रकृति कहलाती है। इससे दूसरी मेरी जीव रूपा परा अर्थात् चेतना प्रकृति है, जिससे यह संपूर्ण जगत् धारण किया जाता है। सभी भूत इन दोनों प्रकृतियों से ही उत्पन्न होने वाले हैं और संपूर्ण जगत् का प्रभाव, प्रलय अर्थात् मूल कारण मैं ही हूँ।

मुझसे भिन्न दूसरा कोई भी परम कारण नहीं है। यह संपूर्ण जगत् सूत्र में सूत्र की मणियों के समान मुझमें गुँथा हुआ है।

मैं जल में रस हूँ, चंद्रमा और सूर्य में प्रकाश हूँ, समस्त वेदों में ओंकार

हूँ, आकाश में शब्द और पुरुष में पुरुषत्व हूँ। मैं पृथ्वी में पवित्र गंध, अग्नि में तेज, समस्त भूतों में उनका जीवन और तपस्वियों में तप हूँ।

समस्त भूतों का सनातन बीज मुझे ही जानो। मैं बुद्धिमानों की बुद्धि और तेजस्वियों का तेज हूँ।

मैं बलवानों में आसक्ति और कामनाओं से रहित बल हूँ। मैं ही समस्त भूतों में धर्म के अनुकूल काम हूँ। सत्त्वगुण, रजोगुण और तमोगुण से उत्पन्न होनेवाले भावों को मुझसे उत्पन्न होनेवाला जानना चाहिए; परंतु वास्तव में मैं उनमें और वे मुझमें नहीं हैं।

गुणों के कार्यरूप सात्त्विक, राजसिक और तामसिक तीनों प्रकार के भावों से यह समस्त संसार मोहित हो रहा है। अतः इन तीनों गुणों से परे संसार मुझ अविनाशी को नहीं जानता।

—श्रीमद्भगवद्गीता, अध्याय-7, श्लोक-4 से 13 तक

उत्पत्ति—विनाश धर्मवाले सभी पदार्थ अधिभूत हैं, हिरण्यमय पुरुष अधिदेव है और इस शरीर में मैं वासुदेव के अंतर्यामी रूप में अधियज्ञ हूँ।

—श्रीमद्भगवद्गीता, अध्याय-8, श्लोक-4

मैं समस्त प्राणियों का आत्मा, हितैषी, सुहृद और ईश्वर हूँ। मैं ही समस्त प्राणियों और पदार्थों के रूप में हूँ और इनकी उत्पत्ति, स्थिति एवं प्रलय का कारण भी हूँ। मैं गतिशील पदार्थों में गति हूँ। अपने अधीन करनेवालों में मैं काल हूँ। गुणों में मैं उनकी मूल स्वरूपा साम्यावस्था हूँ और जितने भी गुणवान् पदार्थ हैं, उनमें उनका स्वाभाविक गुण हूँ।

मैं गुण-युक्त वस्तुओं में क्रिया शक्ति-प्रधान प्रथम कार्य सूत्रात्मा हूँ और महानों में ज्ञान शक्ति-प्रधान महत्त्वत्व हूँ। मैं ही सूक्ष्म वस्तुओं में जीव हूँ और कठिनाई से वश में होनेवालों में मन हूँ। मैं वेदों का अभिव्यक्ति स्थान हिरण्यगर्भ हूँ और मंत्रों में तीन मात्राओं (अ+उ+म) वाला ओंकार हूँ। मैं ही

अक्षरों में अकार और छंदों में त्रिपदा गायत्री हूँ।

मैं समस्त देवताओं में इंद्र, आठ वसुओं में अग्नि, द्वादश आदित्यों में विष्णु, और एकादश रुद्रों में नीललोहित नाम का रुद्र हूँ। ब्रह्मर्षियों में मैं भृगु, राजर्षियों में मनु, देवर्षियों में नारद और गायों में कामधेनु हूँ।

मैं सिद्धेश्वरों में कपिल, पक्षियों में गरुड, प्रजापतियों के दक्ष प्रजापति और पितरों में अर्यमा हूँ। मैं दैत्यों में दैत्यराज प्रह्लाद, नक्षत्रों में चंद्रमा, औषधियों में सोमरस और यक्ष-राक्षसों का कुबेर हूँ।

मैं गजराजों में ऐरावत, जल-निवासियों में उनका प्रभु वरुण, तपने और चमकनेवालों में सूर्य और मनुष्यों में राजा हूँ। मैं घोड़ों में उच्चैःश्रवा, धातुओं में सोना, दंडधारियों में यम और सर्पों में वासुकि हूँ।

मैं नागराजों में शेषनाग, सींग और दाढ़वाले प्राणियों में उनका राजा सिंह, आश्रमों में संन्यास और वर्णों में ब्राह्मण हूँ। मैं तीर्थों और नदियों में गंगा, जलाशयों में समुद्र, अस्त्र-शस्त्रों में धुनष और धनुर्धरों में त्रिपुरारि शंकर हूँ।

मैं निवास-स्थानों में सुमेरु, दुर्गम स्थानों में हिमालय, वनस्पतियों में पीपल और धान्यों में जौ हूँ। मैं पुरोहितों में वसिष्ठ, वेदवेत्ताओं में बृहस्पति, समस्त सेनापतियों में स्वामी कार्तिकेय और सन्मार्ग प्रवर्तकों में भगवान् ब्रह्मा हूँ।

पंचमहायज्ञों में ब्रह्मयज्ञ (स्वाध्याय यज्ञ), व्रतों में अहिंसा व्रत, शुद्ध करनेवाले पदार्थों में नित्य शुद्ध वायु, अग्नि, सूर्य, जल, वाणी और आत्मा हूँ। आठ प्रकार के योगों में मैं मनोनिरोध रूपी समाधि हूँ। विजय के इच्छुकों में रहनेवाला मंत्र (नीति) बल, कौशलों में आत्मा और अनात्मा का विवेक रूप कौशल तथा ख्यातिवादियों में विकल्प हूँ।

स्त्रियों में मनु-पत्नी शतरूपा, पुरुषों में स्वायंभुव मनु, मुनीश्वरों में नारायण और ब्रह्मचारियों में सनत्कुमार हूँ। मैं धर्मों में कर्मसंन्यास, अभय और साधनों में आत्मस्वरूप का अनुसंधान, अभिप्राय-गोपन के साधनों में मधुर वचन एवं मौन हूँ। स्त्री-पुरुष के जोड़ों में मैं प्रजापति हूँ, जिनके शरीर के दो भागों से पुरुष और स्त्री का पहला जोड़ा पैदा हुआ।

सदैव सावधान रहकर जागनेवालों में मैं संवत्सर रूपी काल हूँ, ऋतुओं में वसंत, माहों में मार्गशीर्ष और नक्षत्रों में अभिजित हूँ। मैं युगों में सतयुग, विवेकियों में महर्षि देवल एवं असित, व्यासों में श्रीकृष्ण द्वैपायन व्यास और कवियों में मनस्वी शुक्राचार्य हूँ।

मैं सृष्टि की उत्पत्ति और लय, प्राणियों के जन्म और मृत्यु तथा विद्या और अविद्या के जानने्वाले भगवानों में वासुदेव हूँ। अपने प्रेमी भक्तों में मैं उद्धव, किंपुरुषों में हनुमान, विद्याधरों में सुदर्शन हूँ। मैं रत्नों में पद्मराग (लाल), सुंदर वस्तुओं में कमल की कली, तृणों में कुश और हविष्यों में गाय का घी हूँ।

मैं व्यापारियों में रहनेवाली लक्ष्मी, छल-कपट करनेवालों में द्यूत क्रीड़ा, तितिक्षुओं की तितिक्षा (कष्ट-सहिष्णुता) और सात्त्विक पुरुषों में रहनेवाला सत्त्व गुण हूँ। मैं बलवानों में उत्साह और पराक्रम, भगवद्भक्तों में भक्ति-युक्त निष्काम कर्म, वैष्णवों की नौ मूर्तियों (वासुदेव, संकर्षण, प्रद्युम्न, अनिरुद्ध, नारायण, हयग्रीव, वराह, नरसिंह और ब्रह्मा) में पहली और श्रेष्ठ मूर्ति वासुदेव हूँ।

मैं गंधर्वों में विश्वावसु और अप्सराओं में ब्रह्माजी के दरबार की अप्सरा पूर्वचित्ति हूँ। पर्वतों में स्थिरता और पृथ्वी में शुद्ध अविकारी गंध भी मैं ही हूँ। मैं जल में रस, तेजस्वियों में परम तेजस्वी अग्नि, सूर्य, चंद्र और तारों में प्रभा तथा आकाश में उसका एकमात्र गुण शब्द हूँ।

मैं ब्राह्मण भक्तों में बलि, वीरों में अर्जुन और प्राणियों में उनकी उत्पत्ति, स्थिति और प्रलय हूँ। मैं ही पैरों में चलने की शक्ति, वाणी में बोलने की शक्ति, वायु में मल-त्याग की शक्ति, हाथों में पकड़ने की शक्ति और जननेंद्रिय में आनंदोपभोग की शक्ति हूँ। त्वचा में स्पर्श की, नेत्रों में दर्शन की, रसना में स्वाद लेने की, कानों में श्रवण की और नासिका में सूँघने की शक्ति तथा समस्त इंद्रियों की इंद्रिय शक्ति मैं ही हूँ।

पृथ्वी, वायु, आकाश, जल, तेज, अहंकार, महत्त्व, पंच महाभूतों, जीव, अव्यक्त, प्रकृति, सत्त्व, रज, तम और इनसे परे रहनेवाला ब्रह्म आदि सब मैं

ही हूँ। तत्त्वों की गणना, लक्षणों द्वारा उनका ज्ञान और तत्त्वज्ञान रूपी उसका फल मैं ही हूँ। मैं ही ईश्वर, मैं ही जीव, मैं ही गुण और गुणी, मैं ही सबकी आत्मा और मैं ही सबकुछ हूँ। मेरे अलावा और कोई पदार्थ कहीं भी नहीं है।

यदि मैं गिनने लगूँ तो किसी समय परमाणुओं की गणना तो कर सकता हूँ, पर अपनी विभूतियों की गणना नहीं कर सकता। जब मेरे रचे हुए कोटि-कोटि ब्रह्मांडों की गणना भी नहीं हो सकती तो मेरी विभूतियों की गणना कैसे हो सकती है! ऐसा समझो कि जिसमें भी तेज, श्री, कीर्ति, ऐश्वर्य, लज्जा, त्याग, सौंदर्य, सौभाग्य, पराक्रम, तितिक्षा और विज्ञान आदि श्रेष्ठ गुण हों, वह मेरा ही अंश है।

—श्रीमद्भागवत महापुराण, एकादश स्कंध, अध्याय-16, श्लोक-9 से 40

मैं ही क्रतु, यज्ञ, स्वधा, औषधि, मंत्र, घृत, अग्नि और हवन रूपी क्रिया हूँ। इस संपूर्ण जगत् को धारण करनेवाला एवं कर्मों के फल देनेवाला, पिता, माता, पितामह, जानने योग्य, पवित्र, ओंकार तथा ऋग्वेद और यजुर्वेद भी मैं ही हूँ।

प्राप्त होने योग्य परमधाम, भरण-पोषण करनेवाला, सबका स्वामी, शुभाशुभ देखनेवाला, सबका वास स्थान, शरण देने योग्य, प्रत्युपकार, न चाहकर हित करनेवाला, सबकी उत्पत्ति एवं प्रलय का कारण, स्थिति का आधार, निधान और अविनाशी कारण भी मैं ही हूँ।

मैं ही सूर्य रूप में तपता हूँ, वर्षा का आकर्षण करता हूँ और उसे बरसाता हूँ। मैं ही अमृत और मृत्यु हूँ और सत् तथा असत् भी मैं ही हूँ।

—श्रीमद्भगवद्गीता, अध्याय-9, श्लोक-16 से 19 तक

पवित्र-अपवित्र

देशों में वह देश अपवित्र है, जिसमें कृष्णसार मृग न हो और जिसमें

निवासी ब्राह्मण भक्त न हों। कृष्णसार मृग के होने पर भी केवल उन प्रदेशों को छोड़कर जहाँ संतजन रहते हैं, कीकट देश अपवित्र ही है। संस्कारहीन और ऊसर स्थान भी अपवित्र ही होते हैं।

समय वही पवित्र है, जिसमें करने योग्य सामग्री मिल सके और कर्म भी हो सके। जिस समय में कर्म करने योग्य सामग्री न मिल सके, आगंतुक दोषों से या स्वाभाविक दोषों के कारण कर्म ही न हो सके, वह समय अपवित्र है।

पदार्थों की शुद्धि और अशुद्धि द्रव्य, वचन, संस्कार, काल, महत्त्व या अल्पत्व से होती है। कोई पात्र जिस प्रकार जल से शुद्ध और मूत्रादि से अशुद्ध हो जाता है। किसी वस्तु की शुद्धि या अशुद्धि में शंका होने पर ब्राह्मणों के वचन से वह शुद्ध हो जाती है, अन्यथा वह अशुद्ध ही रहती है। पुष्पादि जल छिड़कने में शुद्ध और सूँघने से अशुद्ध माने जाते हैं। तत्काल पकाया हुआ अन्न शुद्ध और बासी अशुद्ध माना जाता है। विशाल सरोवर और नदी आदि का जल शुद्ध तथा छोटे-छोटे गड्ढों का जल अशुद्ध माना जाता है। इस प्रकार से यह सब क्रमशः समझना चाहिए।

पवित्रता और अपवित्रता की व्यवस्था शक्ति, अशक्ति, बुद्धि और वैभव के अनुसार भी होती है। उसमें भी स्थान और उपयोग करनेवाले की आयु का विचार करते हुए ही अशुद्ध वस्तुओं के व्यवहार का दोष ठीक प्रकार से आँका जाता है।

—श्रीमद्भागवत महापुराण, एकादश स्कंध,
अध्याय-21, श्लोक-8 से 11 तक

ब्राह्मण का धन

जो लोग अग्नि के समान तेजस्वी हैं, वे भी ब्राह्मण का अल्प-से-अल्पतम हड़पकर नहीं पचा सकते। जो राजा अभिमान के वशीभूत होकर स्वयं को लोगों का स्वामी समझते हैं, वे तो भला क्या पचा सकते हैं। मैं हलाहल विष को भी विष नहीं मानता, क्योंकि उसकी चिकित्सा की जा

सकती है। वास्तव में ब्राह्मणों का धन ही परम विष है। उसे पचाने के लिए इस धरती पर कोई भी औषधि, कोई भी उपाय नहीं है। हलाहल विष केवल सेवन करनेवाले के ही प्राण लेता है, अग्नि भी जल द्वारा शांत की जा सकती है; किंतु ब्राह्मण की धन रूपी अरणि से जो अग्नि उत्पन्न होती है, वह समस्त कुल को जला सकती है।

ब्राह्मण के धन का यदि उसकी पूर्ण सम्मति लिये बिना उपभोग किया जाए तो वह धन उपभोग करनेवाले, उसके पुत्र और पौत्र आदि इन तीन पीढ़ियों का नाश कर देता है। यदि बलपूर्वक उस धन का उपभोग किया जाए तो वह उपभोग करनेवाले की पूर्व की इन पीढ़ियों और बाद की दस पीढ़ियों को नष्ट कर देता है।

जो राजा राजलक्ष्मी के मद में चूर होकर ब्राह्मणों का धन हड़पना चाहते हैं, वे जान-बूझकर नरक में जाने का मार्ग बना रहे हैं, ऐसा समझना चाहिए। वे नहीं देखते कि उन्हें अध:पतन के कैसे गहरे गड्ढे में गिरना पड़ेगा।

—श्रीमद्भागवत महापुराण, दशम स्कंध, अध्याय-64, श्लोक-32

ब्राह्मण की वृत्ति

उदार हृदय और बहुकुटुंबी जिन ब्राह्मणों की वृत्ति छीन ली जाती है, उनमें विलाप करते समय आँसुओं की बूँदों से धरती के जितने धूल कण भीगते हैं, उतने वर्षों तक ब्राह्मण के स्वत्व को छीननेवाले उच्छृंखल राजा और उसके वंशजों को कुंभीपाक नरक में कष्ट भोगने पड़ते हैं।

जो मनुष्य अपनी या दूसरों की दी हुई ब्राह्मणों की वृत्ति, उनकी जीविका के साधन छीन लेते हैं, वे साठ हजार साल तक विष्ठा के कीड़े बनते हैं। अत: मैं तो यही चाहता हूँ कि ब्राह्मणों का धन कभी भूल से भी मेरे कोष में न आए। जो लोग ब्राह्मणों के धन की इच्छा तक भी करते हैं, उसे छीनने की बात तो दूर रही—वे इस जन्म में अल्पायु, शत्रुओं से पराजित और राज्यभ्रष्ट

हो जाते हैं। मृत्यु के पश्चात् भी वे दूसरों को पीड़ा पहुँचानेवाले सर्प ही होते हैं।

—श्रीमद्भागवत महापुराण, दशम स्कंध, अध्याय-64, श्लोक-37 से 40 तक

ब्राह्मण का सम्मान

यदि ब्राह्मण कोई अपराध भी करे, तब भी उससे द्वेष नहीं करना चाहिए। ब्राह्मण मार भी क्यों न दे या बहुत सी गलतियाँ या शाप ही क्यों न दे, उसे सदैव नमस्कार ही करना चाहिए। मैं जिस प्रकार तीनों समय सावधानी के साथ ब्राह्मणों को प्रणाम करता हूँ, उसी प्रकार तुम लोग भी किया करो। जो भी मनुष्य मेरी इस आज्ञा की अवहेलना करेगा, उसे मैं क्षमा नहीं करूँगा, बल्कि दंडित करूँगा।

—श्रीमद्भागवत महापुराण, दशम स्कंध, अध्याय-64, श्लोक-41 से 42 तक

जगत् में ब्राह्मण जन्म से ही सब प्राणियों में श्रेष्ठ है। यदि वह जप-तप, विद्या, संतोष और मेरी उपासना-भक्ति से युक्त हो तो कहना ही क्या! मुझे अपना चतुर्भुज रूप भी ब्राह्मणों की अपेक्षा अधिक प्रिय नहीं है, क्योंकि ब्राह्मण सर्ववेदमय है और मैं सर्वदेवमय हूँ।

दुर्बुद्धि लोग केवल मूर्ति आदि में ही पूज्य बुद्धि रखते हैं और गुणों में दोष निकालकर मेरे स्वरूप जगद्गुरु ब्राह्मण का, जो उनकी आत्मा है, उसका तिरस्कार करते हैं। ब्राह्मण मेरा साक्षात्कार करके अपने चित्त में यह निश्चय कर लेता है कि यह चराचर जगत्, इसके संबंध की सारी भावनाएँ और इसके कारण प्रकृति-महत्त्व आदि सभी भगवान् के ही रूप हैं।

ब्रह्मर्षियों (ब्राह्मणों) को मेरा ही स्वरूप समझकर श्रद्धापूर्वक इनकी पूजा करनी चाहिए। यदि ऐसा किया गया तो समझो, अनायास ही साक्षात्

मेरा पूजन कर लिया गया, अन्यथा बहुमूल्य सामग्रियों से भी मेरी पूजा नहीं हो सकती।

—श्रीमद्‌भागवत महापुराण, दशम स्कंध, अध्याय-87, श्लोक-55 से 57 तक

भक्त और भक्ति का रहस्य

भक्ति की प्राप्ति सत्संग से होती है। जिसे भक्ति प्राप्त हो जाती है, वह मेरी उपासना करता है और मेरे सान्निध्य का भी उसे अनुभव होता है। जब उसका अंत:करण शुद्ध हो जाता है, तब वह संत पुरुषों के उपदेश के कारण मेरे परम पद को सहज ही प्राप्त कर लेता है।

—श्रीमद्‌भागवत महापुराण, एकादश स्कंध, अध्याय-11, श्लोक-25

मेरा भक्त कृपा की मूर्ति होता है। वह किसी भी प्राणी से वैर नहीं रखता और घोर दु:ख को भी प्रसन्नता के साथ सहन करता है। उसके जीवन का सार सत्य है। उसका मन पाप-वासना से दूर रहता है। वह समदर्शी और सबका भला चाहनेवाला है।

मेरे भक्त की बुद्धि कामनाओं के कलुष से प्रभावित नहीं होती। वह संयमशील, मधुर स्वभाववाला और निर्मल ह्रदयी होता है। वह संग्रह-परिग्रह से दूर रहकर किसी भी वस्तु की प्राप्ति के लिए विशेष प्रयत्न नहीं करता। परिमित भोजन करके वह शांत रहता है। उस स्थिर बुद्धिवाले को सदा मेरा ही भरोसा रहता है और वह सदैव आत्म-चिह्न में लगा रहता है।

मेरा भक्त प्रमाद-रहित, गंभीर स्वभाववाला और धैर्यवान् होता है। वह भूख-प्यास, शोक-मोह और जन्म-मृत्यु आदि छहों को अपने वशीभूत रखता है। स्वयं उसे किसी से सम्मान पाने की अपेक्षा नहीं होती; किंतु वह सभी का यथायोग्य सम्मान करता है। मेरे संबंध की बात वह बहुत अच्छे ढंग से समझता है। वह मित्रवत् व्यवहार करनेवाला और करुणा से परिपूर्ण ह्रदय का स्वामी होता है।

वेदों और शास्त्रों में मैंने मनुष्य के धर्म का मर्म समझाया है। इसके पालन करने से अंत:करण की शुद्धि आदि गुण और उल्लंघन करने से नरक आदि दु:ख प्राप्त होते हैं। मेरा प्रिय भक्त अपने ध्यान आदि से इसे विक्षेप समझकर छोड़ देता है और केवल मेरे ही भजन में लीन रहता है। वह परम संत होता है।

मैं कौन हूँ, कितना बड़ा और कैसा हूँ? इन विषयों को जाने या न जाने बिना जो मनुष्य अनन्य भाव से मेरा भजन करता है, वह मेरा परम भक्त है।

—श्रीमद्भागवत महापुराण, एकादश स्कंध,
अध्याय-11, श्लोक-25 से 33 तक

बंधु के समान सत्कार के द्वारा वैष्णव में, निरंतर ध्यानमग्न रहते हुए हृदयाकाश में, मुख्य प्राण समझने से वायु में और जल-पुष्प आदि सामग्रियों द्वारा जल में मेरी आराधना-भक्ति करनी चाहिए।

गुप्त मंत्रों द्वारा न्यास करके मिट्टी से निर्मित वेदी में, उपयुक्त भोगों के द्वारा आत्मा में और समान दृष्टि द्वारा समस्त प्राणियों में मेरी आराधना-भक्ति करनी चाहिए; क्योंकि मैं समस्त प्राणियों में क्षेत्रज आत्मा के रूप में स्थित हूँ। इन सभी स्थानों में शंख, चक्र, गदा एवं पद्म धारण किए चतुर्भुजी शांतमूर्ति श्रीभगवान् विराजमान हैं। इस प्रकार ध्यान करते हुए एकाग्रता के साथ मेरा पूजन करना चाहिए। जो भक्त एकाग्र भाव से यज्ञ आदि इष्ट और कुआँ एवं बावली आदि बनवाकर मेरा पूजन करता है, उसे मेरी श्रेष्ठ भक्ति प्राप्त होती है। संत पुरुषों की सेवा करने से उसे मेरे स्वरूप का ज्ञान भी हो जाता है।

मेरा ऐसा निश्चय है कि सत्संग और भक्तियोग नामक इन दो साधनों का एक साथ ही अनुष्ठान करना चाहिए। इन दोनों के अलावा संसार सागर से पार होने का प्राय: अन्य कोई उपाय नहीं है, क्योंकि संत पुरुष मुझे अपना आश्रय मानते हैं और मैं सदैव उनके समीप ही बना रहता हूँ।

—श्रीमद्भागवत महापुराण, एकादश स्कंध,
अध्याय-12, श्लोक-44 से 48 तक

मेरा जो भक्त मुझे तत्त्व ज्ञान से सभी यज्ञों एवं तपों को भोगनेवाला, समस्त लोकों के ईश्वरों का ईश्वर और सभी भूत एवं प्राणियों का सुहृद जानता हो, वह परम शांति को प्राप्त करता है।

—श्रीमद्भगवद्गीता, अध्याय-5, श्लोक-29

वाणी के स्वच्छंद भाषण और मन के संकल्प-विकल्प बंद कर देने चाहिए। इसके लिए प्राणों को वश में करके इंद्रियों का दमन करना आवश्यक है। तत्पश्चात् सात्त्विक बुद्धि के द्वारा प्रपंचाभिमुख बुद्धि को शांत करना चाहिए। ऐसा करने से संसार के जन्म-मृत्यु रूपी बीहड़ मार्ग में नहीं भटकना पड़ेगा।

जो साधक बुद्धि के द्वारा वाणी और मन को पूर्णतया वश में नहीं कर पाता, उसके व्रत, तप और दान उसी प्रकार क्षीण हो जाते हैं, जिस प्रकार कच्चे घड़े में भरा हुआ जल नष्ट हो जाता है।

मेरे प्रिय भक्तों को मेरे परायण होकर भक्ति-युक्त बुद्धि से वाणी, मन और प्राणी का संयम करना चाहिए। ऐसा करने पर फिर उसे और कुछ भी करना शेष नहीं रहता है और वह कृतकृत्य हो जाता है।

—श्रीमद्भागवत महापुराण, एकादश स्कंध,
अध्याय-16, श्लोक-42 से 44 तक

भाग्यवान् वृक्ष

ये वृक्ष कितने भाग्यवान् हैं। इनका संपूर्ण जीवन केवल दूसरों के कल्याण के लिए ही है। ये स्वयं तो सर्दी, गरमी, बरसात, पाला और हवा के झोंके सहते हैं, लेकिन हमारी उनसे रक्षा करते हैं।

मैं कहता हूँ कि इन्हीं का जीवन सबसे श्रेष्ठ है, क्योंकि इनके द्वारा सभी प्राणियों को सहारा मिलता है और उनका जीवन-निर्वाह होता है। जिस प्रकार किसी सज्जन पुरुष के घर से कोई याचक खाली हाथ नहीं लौटता, उसी प्रकार इन वृक्षों से भी सभी को कुछ-न-कुछ मिल ही जाता है। ये

अपने पत्ते, फल, फूल, छाया, जड़, छाल, लकड़ी, गंध, गोंद, राख, कोयला, अंकुर और कोंपलों से भी लोगों की कामना पूर्ण करते हैं।

संसार में प्राणी तो बहुत हैं, परंतु उनके जीवन की सफलता इसमें ही है कि जहाँ तक हो सके, अपने धन से, विवेक-विचार से, वाणी से और प्राणों से भी ऐसे ही कर्म किए जाएँ, जिनसे दूसरों का कल्याण हो।

—श्रीमद्‌भागवत महापुराण, दशम स्कंध,
अध्याय-22, श्लोक-32 से 35 तक

भागवत धर्म

मेरी प्राप्ति के जितने साधन हैं, उनमें से मैं सबसे श्रेष्ठ साधन यही समझता हूँ कि समस्त प्राणियों व पदार्थों में मन, वाणी और शरीर की समस्त वृत्तियों से मेरी ही भावना की जाए। यही मेरा अपना भागवत धर्म है। इसे एक बार आरंभ कर देने के बाद फिर किसी प्रकार की विघ्न-बाधा से इससे रत्ती भर भी अंतर नहीं पड़ता, क्योंकि यह धर्म निष्काम है और स्वयं मैंने ही इसे निर्गुण होने के कारण सर्वोत्तम निश्चित किया है।

भागवत धर्म में किसी प्रकार की त्रुटि पड़नी तो दूर की बात है, यदि इस धर्म का साधक भय-शोक आदि के अवसर पर होनेवाली भावना और रोने-पीटने जैसा निरर्थक कर्म भी निष्काम भाव से मुझे ही समर्पित कर दे तो वे भी मेरी प्रसन्नता के कारण धर्म बन जाते हैं।

—श्रीमद्‌भागवत महापुराण, एकादश स्कंध,
अध्याय-21, श्लोक-19 से 21 तक

मन की विषयासक्ति

जो लोग मेरे भक्त नहीं होते, वे भले ही प्राणायाम आदि के द्वारा मन को वश में करने का कितना भी प्रयत्न करें, उनकी विषयासक्ति कभी कम

नहीं होती। उनका मन सदा विषयासक्ति में डूबा रहता है।

—श्रीमद्‌भागवत महापुराण, दशम स्कंध, अध्याय-5, श्लोक-61

मेरा प्रियतम

इसमें संदेह नहीं कि संसार में अपने वास्तविक कल्याण को समझनेवाले जितने भी बुद्धिमान पुरुष हैं, वे अपने प्रियतम के समान ही मुझसे प्रेम करते हैं। उनका प्रेम ऐसा होता है कि उसमें किसी प्रकार की कामना नहीं होती। उसमें किसी प्रकार का व्यवधान, संकोच, दुराव-छिपाव, दुविधा अथवा द्वैत नहीं होता। प्राण, बुद्धि, मन, शरीर, स्वजन, स्त्री, पुरुष और धन आदि संसार की सभी वस्तुएँ, जिसके लिए और जिसकी सन्निधि से प्रिय लगती हैं—उस आत्मा-परमात्मा से मुझसे बढ़कर और कौन प्रिय हो सकता है!

—श्रीमद्‌भागवत महापुराण, दशम स्कंध, अध्याय-23, श्लोक-26 से 27 तक

मैं मोक्ष का अधीश्वर

मैं मोक्ष का स्वामी हूँ। लोगों को संसार-सागर से पार करता हूँ। जो सकाम पुरुष अनेक प्रकार के व्रत और तप करके दांपत्य जीवन के विषय-सुख की अभिलाषा से प्रेम भजन करते हैं, वे मेरी माया से मोहित हैं। मैं मोक्ष और संपूर्ण संपदाओं का आश्रय हूँ, अधीश्वर हूँ। मुझ परमात्मा को प्राप्त करके भी जो लोग विषय-सुख के साधन संपत्ति की ही अभिलाषा करते हैं और मेरी पराभक्ति नहीं चाहते, वे बड़े मंदभागी हैं, क्योंकि विषय सुख तो नरक में और नरक के ही समान शूकर-कूकर आदि योनियों में भी प्राप्त हो सकते हैं। उन लोगों का मन विषयासक्त रहता है, इसलिए उन्हें नरक में जाना भी अच्छा लगता है।

—श्रीमद्‌भागवत महापुराण, दशम स्कंध, अध्याय-60, श्लोक-52 से 53 तक

मनुष्य योनि

सांख्ययोग विशारद धीर पुरुष मनुष्य योनि इंद्रिय शक्ति, मन:शक्ति आदि के आश्रयभूत मुझ आत्म-तत्त्व का पूर्णतया प्रकट रूप से साक्षात्कार कर लेते हैं।

मैंने एक पैरवाले, दो पैरवाले, तीन पैरवाले, चार पैरवाले, चार से अधिक पैरवाले और बिना पैर के इत्यादि अनेक प्रकार के प्राणियों का सृजन किया है, किंतु उनमें से मनुष्य ही मुझे सबसे अधिक प्रिय है।

मनुष्य शरीर में एकाग्रचित् तीक्ष्ण बुद्धि, पुरुष बुद्धि आदि ग्रहण किए जाने वाले हेतुओं से जिनसे अनुमान भी होता है, अनुमान से अग्राह्य अर्थात् अहंकार आदि विषयों से भिन्न मुझ सर्वप्रवर्तक ईश्वर को साक्षात् अनुभव करते हैं।

—श्रीमद्भागवत महापुराण, एकादश स्कंध, अध्याय-7, श्लोक-21 से 23 तक

मनुष्य शरीर

विधि-निषेध रूप कर्म का अधिकारी मनुष्य-शरीर अत्यंत दुर्लभ है। स्वर्ग और नरक दोनों ही लोकों के प्राणी इसकी अभिलाषा करते हैं। शरीर में अंत:करण की शुद्धि होने पर ज्ञान की प्राप्ति हो सकती है। स्वर्ग या नरक का योग-प्रधान शरीर किसी साधन के उपयुक्त नहीं है। बुद्धिमान मनुष्य को न तो स्वर्ग की अभिलाषा करनी चाहिए और न ही नरक की। यहाँ तक कि मनुष्य-शरीर की अभिलाषा नहीं करनी चाहिए, क्योंकि किसी भी शरीर में गुण-बुद्धि और अभिमान हो जाने से अपने वास्तविक स्वरूप की प्राप्ति के साधन में प्रमाद होने लगता है।

मनुष्य शरीर यद्यपि मृत्युग्रस्त है, तथापि इसके द्वारा परमार्थ की, सत्य वस्तु की प्राप्ति हो सकती है। बुद्धिमान मनुष्य को यह बात जानकर मृत्यु से पूर्व ही सावधान होकर ऐसी साधना कर लेनी चाहिए कि वह जन्म-मृत्यु के चक्कर से सदा के लिए मुक्त हो जाए।

मनुष्य शरीर एक वृक्ष है। इसमें घोंसला बनाकर जीव रूपी पक्षी निवास करता है। इस वृक्ष को यमराज के दूत प्रतिक्षण काट रहे हैं। पक्षी कटते हुए वृक्ष को छोड़कर जिस प्रकार उड़ जाता है, उसी प्रकार अनासक्त जीव भी इस शरीर को त्यागकर मोक्ष प्राप्त कर लेता है; मगर आसक्त जीव को दुःख प्राप्त होता है।

दिन और रात प्रतिक्षण शरीर की आयु को कम कर रहे हैं, यह जानकर जो भय से काँप उठता है, वह आसक्ति को छोड़कर परम तत्त्व का ज्ञान प्राप्त कर लेता है, फिर वह इसके जीवन-मृत्यु के निरपेक्ष होकर अपनी आत्मा में ही शांत हो जाता है।

मनुष्य शरीर समस्त शुभ फलों की प्राप्ति का मूल है और अत्यंत दुर्लभ होकर पर भी अनायास ही प्राप्त हो गया है। इस संसार-सागर से पार पाने के लिए यह एक सुदृढ़ नौका है। शरीर ग्रहण करने मात्र से ही गुरुदेव उसके खेवनहार बनकर पतवार संचालन करने लगते हैं और स्मरण मात्र से ही मैं अनुकूल वायु के रूप में इसे लक्ष्य की ओर बढ़ाने लगता हूँ। इतनी सुविधा प्राप्त होने पर भी जो मनुष्य शरीर के द्वारा संसार-सागर से पार नहीं पा लेता, वह निश्चय ही अपने ही द्वारा अपने आत्मा का हनन, अधःपतन कर रहा है।

—श्रीमद्‌भागवत महापुराण, एकादश स्कंध,
अध्याय-20, श्लोक-12 से 17 तक

मुक्त पुरुष

जिन पुरुषों के प्राण, इंद्रिय, मन और बुद्धि की सभी चेष्टाएँ बिना संकल्प लिये होती हैं, वे देह में स्थित रहकर भी मुक्त ही होते हैं। तत्त्वज्ञ मुक्त पुरुषों के शरीर को कोई हिंसक पीड़ा पहुँचाए तो वे दुःखी नहीं होते और कोई दैव योग से पूजा करने लगे तो प्रसन्न नहीं होते।

समदर्शी महापुरुष गुण और दोष की दृष्टि से ऊपर होते हैं। वे अच्छा कार्य करनेवाले की स्तुति नहीं करते और बुरा कार्य करनेवालों की निंदा भी नहीं करते।

मुक्त पुरुष न तो कुछ भला या बुरा कार्य करते हैं, न कहते हैं और न ही सोचते हैं। अपने व्यवहार में एक समान वृत्ति रखकर वे सदैव आत्मानंद में ही लीन रहते हैं और प्रकटत: जड़ के समान मूर्ख की भाँति विचरण करते हैं।

—श्रीमद्भागवत महापुराण, एकादश स्कंध, अध्याय-11, श्लोक-14 से 17 तक

इस संसार रूपी वृक्ष के दो बीज हैं—पाप और पुण्य। असंख्य वासनाएँ जड़ें और तीन गुण तने हैं। पाँच भूत उसकी मोटी-मोटी प्रमुख शाखाएँ हैं और शब्द आदि पाँच विषय रस हैं। इसकी ग्यारह इंद्रियाँ विभिन्न शाखाएँ हैं। जीव और ईश्वर नामक दो पक्षी इस वृक्ष पर घोंसला बनाकर निवास करते हैं। इस वृक्ष की वात, पित्त एवं कफ रूपी तीन प्रकार की छालें हैं। इसमें सुख और दु:ख नामक दो प्रकार के फल लगते हैं। यह विशाल वृक्ष सूर्यमंडल तक फैला हुआ है, अर्थात् इस सूर्यमंडल का भेदन करनेवाले मुक्त पुरुष फिर संसार चक्र में नहीं पड़ते हैं।

—श्रीमद्भागवत महापुराण, एकादश स्कंध, अध्याय-12, श्लोक-22

बाहरी विषयों का चिंतन न करते हुए बाहर ही निकालकर और नेत्रों की दृष्टि को भृकुटि के बीच स्थित करके तथा नासिका विचरनेवाले प्राण और अपान वायु को सम करके, इंद्रियाँ मन और बुद्धि जीतनेवाला जो मोक्षपरायण मुनि इच्छा, भय और क्रोध से रहित हो गया है, वह सदा मुक्त रहता है।

—श्रीमद्भगवद्गीता, अध्याय-5, श्लोक-27 से 28 तक

अलौकिक त्रिगुणमयी मेरी माया बड़ी दुस्तर है; परंतु जो पुरुष निरंतर

केवल मुझे ही भजते हैं, वे इस माया को अर्थात् संसार-सागर को पार कर जाते हैं।

—श्रीमद्भगवद्गीता, अध्याय-7, श्लोक-14

मैं तुम्हारा जीवन सर्वस्व

हे गोपियो! निस्संदेह मैं तुम्हारे नयनों का ध्रुव तारा हूँ। मैं तुम्हारा जीवन सर्वस्व हूँ; किंतु मैं तुमसे यदि इतनी दूर रहता हूँ तो उसका भी एक कारण है। वह यह कि तुम निरंतर मेरा ध्यान कर सको, शरीर से दूर रहने पर भी मन से तुम मेरी निकटता का अनुभव कर सको और अपना मन मेरे पास रख सको।

स्त्रियों एवं अन्यान्य प्रेमियों का चित्त अपने परदेशी प्रियतम में जितने निश्चल भाव से लगा रहता है, उतना आँखों के सामने, निकट रहनेवाले प्रियतम में नहीं लगता।

हे गोपियो! अशेष वृत्तियों से रहित संपूर्ण मन मेरी ओर लगाकर जब तुम मेरा अनुसरण करोगी, तब तुम शीघ्र ही सदा-सदा के लिए मुझे प्राप्त हो जाओगी। जिस समय मैंने वृंदावन में शरत् पूर्णिमा की रात्रि में रास-क्रीड़ा की थी, उस समय जो गोपियाँ स्वजनों के रोक लेने से ब्रज में ही रह गई थीं, मेरे साथ रास-विहार में सम्मिलित नहीं हो सकी थीं, वे मेरी लीलाओं का स्मरण करने मात्र से ही मुझे प्राप्त हो गई थीं। (तुम्हें भी मैं अवश्य मिलूँगा, निराश होने की कोई बात नहीं है।)

—श्रीमद्भागवत महापुराण, दशम स्कंध, अध्याय-47, श्लोक-34 से 37 तक

मैं इनसे प्रसन्न होता हूँ

मेरी मूर्ति और मेरे भक्तजनों के दर्शन, स्पर्श, पूजा, सेवा-शुश्रूषा और प्रणाम करने तथा मेरे और कर्मों का कीर्तन करने से मैं प्रसन्न होता हूँ। मेरा प्रिय मेरी कथा सुनने में श्रद्धा रखे और निरंतर मेरा ध्यान करता रहे। जो कुछ

उसे मिले, वह मुझे श्रद्धा भाव से समर्पित कर दे और दास्य भाव से मुझसे आत्मनिवेदन करे।

मुझे प्रसन्न करने के लिए मेरे दिव्य जन्म और कर्मों की चर्चा करे। मेरा प्रिय जन्माष्टमी, रामनवमी आदि पर्वों पर संगीत, नृत्य, बाजे द्वारा सामूहिक रूप से घरों एवं मंदिरों में आनंदोत्सव आयोजित करे। वार्षिक त्योहारों के दिन मेरे स्थानों की यात्रा करे, जुलूस निकाले और विविध उपहारों से मेरा पूजन-अर्चन करे। वैदिक और तांत्रिक पद्धति से दीक्षा ग्रहण करे और व्रतों का श्रद्धाभाव से पालन करे।

मेरा प्रिय मंदिर में तथा मेरी मूर्तियों की स्थापना में श्रद्धा भाव रखे। वह इस कार्य को अकेला न कर सके तो दूसरों के साथ मिलाकर उद्योग करे। मेरे मंदिरों के सेवक की भाँति निष्कपट भाव और श्रद्धा-भक्ति से सेवा करे। अभिमान और अहंकार न करे और न ही अपने शुभ कर्मों का बढ़-चढ़कर गान करे। मेरे चढ़ावे की राशि को अपने कार्य में लगाने की बात तो दूर, मुझे समर्पित दीपक के प्रकाश में भी निजी कार्य न करे और न ही किसी अन्य देवता पर चढ़ाई हुई वस्तु मुझे समर्पित करे।

संसार में जो वस्तु स्वयं को सबसे प्रिय हो, वही मुझे समर्पित कर दे। ऐसा करने से वह वस्तु अनंत फलदायी हो जाती है।

सूर्य, अग्नि, ब्राह्मण, गाय, वैष्णव, आकाश, वायु, जल, पृथ्वी, आत्मा और समस्त प्राणी आदि सब मेरी पूजा के स्थान हैं। ऋग्वेद, यजुर्वेद और सामवेद के मंत्रों द्वारा मेरी पूजा करनी चाहिए। हवन द्वारा अग्नि में, आतिथ्य द्वारा श्रेष्ठ ब्राह्मण में और हरी घास आदि के द्वारा गाय में मेरी पूजा करे।

—श्रीमद्भागवत महापुराण, एकादश स्कंध,
अध्याय-11, श्लोक-34 से 43 तक

यज्ञ

यह मनुष्य समुदाय यज्ञ के निमित्त किए जानेवाले कर्मों के अतिरिक्त दूसरे कर्मों में लगा हुआ ही कर्मों से बँधता है। अतः आसक्ति-रहित होकर

यज्ञ के निमित्त ही भली प्रकार कर्तव्य-कर्म करने चाहिए।

कल्प से आरंभ में प्रजापति ब्रह्मा ने यज्ञ के साथ प्रजाओं की रचना करके कहा कि तुम लोग यज्ञ के द्वारा वृद्धि को प्राप्त करो और यज्ञ तुम्हें इच्छानुसार भोग प्रदान करनेवाला हो। इस यज्ञ के द्वारा देवताओं को उन्नत करो और देवता तुम लोगों को उन्नत करें। इस प्रकार निस्स्वार्थ भाव से तुम एक-दूसरे को उन्नत करते हुए परम कल्याण को प्राप्त हो जाओगे।

यज्ञ द्वारा उन्नत हुए देवता निश्चय ही तुम्हें बिना माँगे इच्छित भोग प्रदान करते रहेंगे। इस प्रकार देवताओं द्वारा प्रदान किए गए भोगों को उन्हें अर्पित किए बिना स्वयं भोगता है, वह चोर है।

यज्ञ से बचे हुए अन्न को खानेवाले श्रेष्ठ पुरुष सभी पापों से मुक्त हो जाते हैं। जो पापी मनुष्य अपने शरीर का पोषण करने के लिए ही अन्न पकाते हैं, वे पाप को ही खाते हैं।

समस्त प्राणी अन्न से उत्पन्न होते हैं। अन्न की उत्पत्ति वृष्टि से होती है। वृष्टि यज्ञ से होती है और यज्ञ विहित कर्मों से उत्पन्न होता है। कर्म समुदाय को वेद से उत्पन्न और वेद को अविनाशी परमात्मा से उत्पन्न समझना चाहिए। इससे सिद्ध होता है कि सर्वव्यापी परम अक्षर परमात्मा सदैव यज्ञ में प्रतिष्ठित है।

—श्रीमद्भगवद्गीता, अध्याय-3, श्लोक-9 से 15 तक

जिस यज्ञ में अर्पण अर्थात् स्रुवा आदि ब्रह्म है और हवन किए जाने योग्य द्रव्य भी ब्रह्म है तथा ब्रह्म रूपी कर्ता के द्वारा ब्रह्म रूपी अग्नि में आहुति देना रूपी क्रिया भी ब्रह्म है—उस ब्रह्म कर्म में स्थित रहनेवाले योगी द्वारा प्राप्त किए जाने योग्य फल भी ब्रह्म है।

कुछ योगी पुरुष देवताओं के पूजन रूपी यज्ञ का ही भली प्रकार अनुष्ठान किया करते हैं और अन्य योगी पुरुष परब्रह्म परमात्मा रूपी अग्नि में अभेद दर्शन रूपी यज्ञ के द्वारा ही आत्म रूपी यज्ञ का हवन किया करते हैं।

कुछ योगी पुरुष श्रोत्र आदि समस्त इंद्रियों को संयम रूपी अग्नि में हवन किया करते हैं और अन्य योगी पुरुष शब्द आदि समस्त विषयों को इंद्रियों रूपी अग्नि में हवन किया करते हैं।

कुछ योगी पुरुष इंद्रियों की संपूर्ण क्रियाओं को और प्राणों की समस्त क्रियाओं को ज्ञान से प्रकाशित आत्म-संयम योग रूपी अग्नि में हवन किया करते हैं।

कुछ योगी पुरुष द्रव्य संबंधी यज्ञ करनेवाले हैं, कुछ तपस्या रूपी यज्ञ करनेवाले हैं और कुछ अन्य योग रूपी यज्ञ करनेवाले हैं तथा कुछ अहिंसा आदि तीक्ष्ण व्रतों से युक्त यत्नशील पुरुष स्वाध्याय रूपी ज्ञानयज्ञ करनेवाले हैं।

कुछ योगी पुरुष अपान वायु में प्राण वायु को हवन करते हैं। इसी प्रकार कुछ योगी पुरुष प्राण वायु में अपान वायु को हवन करते हैं। अन्य नियमित आहार करनेवाले प्राणायाम-परायण पुरुष प्राण और अपान की गति को रोककर प्राणों को प्राणों में ही हवन करते हैं। ये सभी साधन यज्ञों द्वारा पापों का नाश कर देनेवाले और यज्ञों को भली प्रकार जाननेवाले हैं।

यज्ञ से बचे हुए अमृत का अनुभव करनेवाले योगी पुरुष सनातन परब्रह्म परमात्मा को प्राप्त कर लेते हैं और यज्ञ न करनेवाले पुरुष के लिए यह मनुष्यलोक भी सुखदायक नहीं है, फिर भला परलोक कैसे सुखदायक हो सकता है!

अनेक प्रकार के यज्ञ वेद की वाणी से विस्तार के साथ वर्णित हैं। उन सभी को मन, इंद्रिय और शरीर की क्रिया द्वारा संपन्न होनेवाले समझना चाहिए। इस प्रकार तत्त्व से जानकर उनके अनुष्ठान द्वारा तुम कर्म के बंधन से सर्वथा मुक्त हो जाओगे।

द्रव्यमय यज्ञ की अपेक्षा ज्ञानयज्ञ अत्यंत श्रेष्ठ है और यज्ञमात्र संपूर्ण कर्म ज्ञान में समाप्त हो जाते हैं।

—श्रीमद्‌भगवद्‌गीता, अध्याय-4, श्लोक-24 से 33 तक

यम-नियम और भक्ति का ज्ञान

यम बारह हैं—अहिंसा, सत्य, अस्तेय (चोरी न करना), लज्जा, असंगता, असंचय, आस्तिकता, ब्रह्मचर्य, मौन, स्थिरता, क्षमा और अभय। नियम भी बारह ही हैं—शौच, जप, तप, हवन, श्रद्धा, अतिथि-सेवा, मेरी पूजा, तीर्थयात्रा, परोपकार की चेष्टा, संतोष और गुरु-सेवा। यम और नियम सकाम और निष्काम दोनों प्रकार के साधकों के लिए उपयोगी हैं। जो मनुष्य इनका पालन करते हैं, यम और नियम उन्हें उनकी इच्छानुसार भोग और मोक्ष दोनों प्रदान करते हैं।

बुद्धि का मुझमें लग जाना शम, इंद्रियों का संयम दम, न्याय से प्राप्त दुःख सहने का नाम तितिक्षा और जिह्वा तथा जननेंद्रिय पर विजय प्राप्त करना धैर्य कहलाता है। किसी से द्रोह न करके अभय देना, दान एवं कामनाओं का त्याग करना, तप एवं वासनाओं पर विजय प्राप्त करना, शूरता और सर्वत्र समरूप-सत्यरूप परमात्मा के दर्शन करना ही सत्य है।

महात्माओं ने सत्य और मधुर भाषण को ऋत, कर्मों में आसक्त न होने को शौच और कामनाओं के त्याग को ही सच्चा संन्यास कहा है। वास्तव में, धर्म ही मनुष्य का अभीष्ट धन है। मैं (परमेश्वर) ही यज्ञ हूँ। ज्ञान का उपदेश देना दक्षिणा और प्राणायाम ही श्रेष्ठ बल है।

मेरा ऐश्वर्य भग, मेरी श्रेष्ठ भक्ति उत्तम लाभ; जिससे ब्रह्म और आत्मा का भेद मिट जाए, वही सच्ची विद्या और पाप करने से घृणा होने का नाम ही लज्जा है। निरपेक्षता आदि गुण ही शरीर का सच्चा सौंदर्य; श्री, दुःख और सुख दोनों की भावना का सदा के लिए नष्ट हो जाना सुख; विषय-भोगों की कामना दुःख और बंधन तथा मोक्ष को जाननेवाला ही पंडित है।

शरीर आदि में जिसका मैं-पन (कर्ताभाव) है, वही मूर्ख; संसार की ओर से निवृत्त करके जो मुझ तक पहुँचा सकता है, वही सुमार्ग और चित्त की बहिर्मुखता ही कुमार्ग है। सत्त्व गुण की वृद्धि स्वर्ग और तमोगुण की वृद्धि नरक है। गुरु ही सच्चा भाई-बंधु है, जो कि मैं हूँ। मनुष्य का शरीर सच्चा घर और जो गुणों से संपन्न है, वही धनी है।

जिस मनुष्य के मन में असंतोष और अभाव की भावना है, वही दरिद्र; जो जितेंद्रिय नहीं वही, कृपण; जिसकी चित्तवृत्ति विषयों में आसक्त नहीं, वही समर्थ; स्वतंत्र और स्वामी (ईश्वर) है और विषयासक्त मनुष्य ही सर्वथा असमर्थ होता है।

—श्रीमद्भागवत महापुराण, एकादश स्कंध, अध्याय-19, श्लोक-33 से 44 तक

युधिष्ठिर को राजसूय यज्ञ हेतु प्रेरित करते हुए

शत्रुजित् धर्मराज, आपका निश्चय अत्युत्तम है। राजसूय यज्ञ करने से समस्त लोकों में आपकी मंगलमयी कीर्ति का विस्तार होगा। आपका यह महायज्ञ ऋषियों, पितरों, देवताओं, सगे-संबंधियों, हमें और कहाँ तक कहूँ—समस्त प्राणियों के लिए अभीष्ट है।

पृथ्वी के समस्त राजाओं को जीतकर, संपूर्ण पृथ्वी को अपने वशीभूत करके और यज्ञोचित सारी सामग्री एकत्रित करके इस महायज्ञ का अनुष्ठान करें। राजन्, आपके चारों भाई वायु, इंद्र आदि लोकपालों के अंश से उत्पन्न हुए हैं। वे सभी बड़े वीर हैं और आप परम मनस्वी एवं संयमी हैं। आप लोगों ने अपने सद्गुणों से मुझे अपने वश में कर लिया है। जिन लोगों ने अपनी इंद्रियों और मन को वश में नहीं किया है, वे मुझे अपने वश में नहीं कर सकते।

संसार में कोई बड़े-से-बड़ा देवता भी तेज, यश, लक्ष्मी, सौंदर्य और ऐश्वर्य आदि के द्वारा मेरे भक्त का तिरस्कार नहीं कर सकता; फिर भला कोई राजा उसका तिरस्कार कर दे, इसकी तो संभावना ही क्या!

—श्रीमद्भागवत महापुराण, दशम स्कंध, अध्याय-72, श्लोक-7 से 11 तक

योगी पुरुष

जो साधक मनुष्य शरीर में इस शरीर का नाश होने से पहले ही काम-क्रोध से उत्पन्न होनेवाले वेग को सहन करने में समर्थ हो जाता है, वास्तव में

वही पुरुष योगी है, वही सुखी है।

जो पुरुष अंतरात्मा में सुखवाला है, आत्मा में ही रमण करनेवाला है और आत्मा में ही ज्ञानवाला है, आत्मा में ही परमात्मा के साथ एकी-भाव को प्राप्त हुआ सांख्य योगी शांत ब्रह्म को प्राप्त कर लेता है।

जिस पुरुष के सभी पाप नष्ट हो गए, जिसके सभी संशय ज्ञान के द्वारा निवृत्त हो गए हैं, जो समस्त प्राणियों के हित में लगा हुआ है और जिसका वश में किया हुआ मन निश्चल भाव से परमात्मा में संलग्न है, वह ब्रह्मवेत्ता योगी पुरुष शांत ब्रह्म को प्राप्त कर लेता है।

काम-क्रोध से रहित, मन को वश में करनेवाले और परमात्मा का साक्षात्कार कर चुके ज्ञानी (योगी) पुरुषों के लिए सभी ओर से शांत परब्रह्म परमात्मा ही परिपूर्ण है।

—श्रीमद्भगवद्गीता, अध्याय-5, श्लोक-23 से 26 तक

जो मनुष्य कर्मफल की इच्छा न करके करने योग्य कर्म करता है, वह संन्यासी और योगी है। केवल अग्नि का त्याग करनेवाला संन्यासी नहीं है और केवल क्रियाओं का त्याग करनेवाला भी योगी नहीं है।

जिसे संन्यास कहा जाता है, उसे ही योग समझना चाहिए; क्योंकि संकल्पों का त्याग न करनेवाला कोई भी पुरुष योगी नहीं होता।

योग में आरूढ़ होने की इच्छा रखनेवाले मननशील मनुष्य के लिए योग की प्राप्ति में निष्काम भाव से कर्म करना ही हेतु कहा जाता है। योग में आरूढ़ हो जाने पर योगारूढ़ पुरुष के सर्व-संकल्पों का अभाव ही कल्याण में हेतु कहा जाता है।

मनुष्य जिस काल में न तो इंद्रियों के भोग में और न ही कर्मों में आसक्त होता है, उस काल में सर्व संकल्पों का त्यागी वह पुरुष ही योगारूढ़ कहा जाता है।

—श्रीमद्भगवद्गीता, अध्याय-6, श्लोक-1 से 4 तक

इंद्रियों सहित मन और शरीर को वश में रखनेवाला, आशा और संग्रह-रहित योगी पुरुष को अकेले ही एकांत में स्थित होकर आत्मा को निरंतर परमात्मा में लगाना चाहिए।

शुद्ध भूमि में, जिसके ऊपर क्रमशः कुशा, मृगछाला और वस्त्र बिछे हों, जो न बहुत ऊँचा और न नीचा हो—स्थिर करके ऐसा आसन स्थापित करना चाहिए। इस आसन पर बैठकर चित्त और इंद्रियों की क्रियाओं को वश में करते हुए मन को एकाग्र करके अंत:करण की शुद्धि के लिए योग का अभ्यास करना चाहिए।

पीठ, सिर एवं गरदन को सीधा और अचल करके, किसी अन्य दिशा में न देखते हुए, नासिका के अग्रभाग पर दृष्टि जमाते हुए ब्रह्मचारी के व्रत में स्थिर, भय-रहित और भली प्रकार शांत अंत:करणवाले सावधान योगी को अपना मन रोककर मेरे परायण होते हुए मुझमें चित्त लगाना चाहिए।

मन को वश में करनेवाला योगी आत्मा को निरंतर मुझ परमेश्वर के स्वरूप में लगाते हुए मुझमें रहनेवाली परमानंद की पराकाष्ठा रूपी शांति को प्राप्त करता है।

बहुत अधिक खानेवाले, बिलकुल नहीं खानेवाले, बहुत सोनेवाले और सदैव जागनेवाले को कभी भी योग की सिद्धि नहीं होती है। यथायोग्य आहार-विहार, कर्मों में यथायोग्य चेष्टा करने और यथायोग्य सोने एवं जागनेवाला ही दु:खों का नाश करनेवाले योग में सिद्धि प्राप्त करता है।

जिस काल में अत्यंत वश में किया हुआ चित्त परमात्मा में भली प्रकार स्थित हो जाता है, उस काल में समस्त भोगों से स्पृहा-रहित मनुष्य योग से युक्त हो जाता है।

वायु-रहित स्थान में जिस प्रकार दीपक प्रज्वलित नहीं होता, उसी प्रकार की उपमा परमात्मा को ध्यान में लगे हुए योगी पुरुष के वश में किए हुए चित्त की बताई गई है।

योग के अभ्यास से निरुद्ध चित्त जिस अवस्था में उपराम हो जाता है और परमात्मा के ध्यान से शुद्ध हुई सूक्ष्म बुद्धि द्वारा परमात्मा को साक्षात्

करता हुआ परब्रह्म परमात्मा में ही संतुष्ट रहता है; इंद्रिय से परे केवल शुद्ध हुई सूक्ष्म बुद्धि द्वारा ग्रहण करने योग्य जो अनंत आनंद है, उसे जिस अवस्था में अनुभव करता है और जिस अवस्था में स्थित रह योगी पुरुष परमात्मा के स्वरूप से विचलित नहीं होता, परमात्मा की प्राप्ति रूपी जिस लाभ को प्राप्त करके उससे अधिक कुछ भी लाभ नहीं मानता और परमात्मा की प्राप्ति रूपी जिस अवस्था में स्थित योगी भारी दु:ख से भी विचलित नहीं होता—जो दु:ख रूपी संसार के संयोग से रहित है और जिसका नाम योग है—उसे ही जानना चाहिए। इस प्रकार का योग धैर्य और उत्साही चित्त से निश्चयपूर्वक करना चाहिए।

संकल्प में उत्पन्न होनेवाली समस्त कामनाओं को नि:शेष रूप से त्यागकर और मन के द्वारा इंद्रियों के समुदाय को सभी ओर भली प्रकार रोककर क्रमश: अभ्यास करते हुए उपरति को प्राप्त करना चाहिए और धैर्य-युक्त बुद्धि के द्वारा मन को परमात्मा में स्थित करके परमात्मा के अलावा कुछ भी चिंतन नहीं करना चाहिए।

यह अस्थिर और चंचल मन जिस-जिस शब्द आदि विषय के निमित्त से विचरण करता है, उस-उस विषय से इसे रोककर बार-बार परमात्मा में ही निरुद्ध करना चाहिए। जिसका मन भली प्रकार शांत है, जो पाप-रहित है और जिसका रजोगुण शांत हो गया है, परब्रह्म के साथ एकी भाव हुए इस प्रकार के योगी पुरुष को ही उत्तम आनंद प्राप्त होता है।

पाप-रहित योगी निरंतर आत्मा को परमात्मा में लगाते हुए सुखपूर्वक परब्रह्म की प्राप्ति रूपी अनंत आनंद को प्राप्त करता है।

सर्वव्यापी अनंत चेतन में एकी भाव से स्थिर-रूप योग से युक्त आत्मावाला और सभी में समभाव से देखनेवाला योगी पुरुष आत्मा को समस्त भूतों में स्थित और समस्त भूतों को आत्मा में कल्पित देखता है।

जो मनुष्य समस्त भूतों में सबके आत्मा रूप मुझ वासुदेव को ही व्यापक रूप से देखता है और समस्त भूतों को मुझ वासुदेव में देखता है, उसके लिए मैं अदृश्य नहीं होता और वह मेरे लिए अदृश्य नहीं होता है।

जो मनुष्य एकी भाव से स्थिर होकर समस्त भूतों में आत्मरूप से स्थित मुझ वासुदेव को भजता है, वह योगी पुरुष सभी प्रकार को कार्यरत होते हुए भी मुझमें ही कार्यरत रहता है।

जो योगी पुरुष अपनी ही भाँति समस्त भूतों में सम देखता है और सुख-दुःख भी सभी में सम देखता है, वह श्रेष्ठ कहा जाता है।

—श्रीमद्भगवद्गीता, अध्याय-6, श्लोक-10 से 32 तक

जिस पुरुष का मन उसके वश में नहीं है, उसके लिए योग दुष्प्राप्य है और जिस प्रयत्नशील पुरुष ने अपने मन को वश में कर लिया है, उसे योग का प्राप्त होना सहज है—ऐसा मेरा मत है।

—श्रीमद्भगवद्गीता, अध्याय-6, श्लोक-36

योग से भ्रष्ट मनुष्य पुण्य लोकों अर्थात् स्वर्ग आदि उत्तम लोकों में अनेक वर्षों तक निवास करने के बाद पुनः शुद्ध आचरणवाले सज्जन पुरुषों के घर में जन्म लेता है या वैराग्यवान् पुरुष उत्तम लोकों में न जाकर ज्ञानवान् योगियों के घर में जन्म लेता है; परंतु इस प्रकार का जन्म निस्संदेह संसार में अत्यंत दुर्लभ है।

पहले शरीर द्वारा संग्रह किए गए बुद्धि-संयोग अर्थात् समबुद्धि रूपी योग के संस्कारों को वह अनायास ही प्राप्त कर लेता है। उसके प्रभाव से वह फिर परमात्मा की प्राप्ति रूपी सिद्धि के लिए पहले से भी अधिक प्रयत्न करता है।

सज्जनों के घर में जन्म लेनेवाला योग भ्रष्ट, पराधीन होकर भी पहले के अभ्यास से ही निस्संदेह परमात्मा की ओर आकर्षित होता है और समबुद्धि रूप योग का जिज्ञासु भी वेद के कहे हुए सकाम कर्मों के फल का उल्लंघन कर जाता है। यत्नपूर्वक अभ्यास करनेवाला योगी पिछले अनेक जन्मों के संस्कार-बल से इसी जन्म में सिद्ध होकर और समस्त पापों से रहित हो तत्काल परम गति को प्राप्त होता है।

योगी पुरुष तपस्वियों से श्रेष्ठ है। शास्त्र ज्ञानियों और सकाम कर्म

करनेवालों से भी योगी पुरुष श्रेष्ठ है। अत: योगी ही बनना चाहिए। सभी योगियों में भी जो श्रद्धावान् योगी मुझमें लगा हुआ है और अंतरात्मा से निरंतर मुझे भजता है, वह मुझे परम श्रेष्ठ और मान्य है।

—श्रीमद्भगवद्गीता, अध्याय-6, श्लोक-41 से 47 तक

योगमाया को आदेश

देवी कल्याणी, तुम ब्रज में जाओ। वह प्रदेश गायों और ग्वालों से सुशोभित है। वहाँ नंद बाबा के गोकुल में वसुदेव की पत्नी रोहिणी निवास करती हैं। उनकी और भी पत्नियाँ कंस से डरकर गुप्त स्थानों में रह रही हैं। इस समय मेरा अंश 'शेष' देवकी के उदर में गर्भ रूप में स्थित है। उसे वहाँ से निकालकर तुम रोहिणी के उदर में स्थापित कर दो।

हे देवी! अब मैं अपने समस्त ज्ञान, बल आदि अंशों के साथ देवकी का पुत्र बनूँगा और तुम नंद की पत्नी यशोदा के गर्भ से जन्म लेना। तुम लोगों को उनके इच्छित वर प्रदान करने में सक्षम होओगी। मनुष्य तुम्हें अपनी समस्त अभिलाषाओं को पूर्ण करनेवाली जानकर धूप-दीप, नैवेद्य एवं अन्य प्रकार की सामग्रियों से तुम्हारी पूजा करेंगे।

लोग पृथ्वी पर तुम्हारे लिए बहुत से स्थान बनाएँगे। तुम्हें दुर्गा, भद्रकाली, विजया, वैष्णवी, कुमुदा, चंडिका, कृष्णा, माधवी, कन्या, माया, नारायणी, ईशानी, शारदा और अंबिका आदि बहुत से भिन्न-भिन्न नामों से संबोधित करेंगे।

देवकी के गर्भ से खींचे जाने के कारण संसार में लोग 'शेष' को संकर्षण कहेंगे, लोक-रंजन करने के कारण 'राम' कहेंगे और बलवानों में श्रेष्ठ होने के कारण 'बलभद्र' भी कहेंगे।

—श्रीमद्भागवत महापुराण, दशम स्कंध,
अध्याय-2, श्लोक-7 से 13 तक

रहस्य की बात

जो संत पुरुष सबको अपनी आत्मा मानते हैं, जिनकी दृष्टि में अपने और पराए का भेद नहीं है और जिनका न कोई मित्र है, न शत्रु है तथा न उदासीन—उनके पास छिपाने की कोई बात नहीं होती है। यदि ऐसी बात न हो तो रहस्य की बात शत्रु की भाँति उदासीन से भी नहीं कहनी चाहिए। मित्र अपने समान ही कहा गया है, इसलिए उससे कोई बात नहीं छिपाई जाती।

सांसारिक मनुष्य सोच-समझकर और बिना सोचे अनेक प्रकार के कर्मों का अनुष्ठान करते हैं। उनमें से सोच-समझकर करनेवाले पुरुषों के कर्म जिस प्रकार सफल होते हैं, उस प्रकार बिना सोचे-विचारे करनेवाले पुरुषों के कर्म सफल नहीं होते।

—श्रीमद्भागवत महापुराण, दशम स्कंध,
अध्याय-24, श्लोक-4 से 6 तक

सारे लोग और लोकपालों की आयु केवल एक कल्प भर है, इसलिए मुझसे भयभीत रहते हैं। दूसरों की बात ही क्या, स्वयं ब्रह्मा भी मुझसे भयभीत रहते हैं, क्योंकि उनकी आयु भी काल से सीमित, केवल दो परार्द्ध भर है।

—श्रीमद्भागवत महापुराण, एकादश स्कंध,
अध्याय-10, श्लोक-30

मेरे द्वारा दिया गया ज्ञान सांख्य और योग दोनों का गोपनीय रहस्य है। मैं स्वयं भगवान् हूँ। ऐसा समझ लो कि मैं तत्त्व ज्ञान का उपदेश देने के लिए ही आया हूँ।

मैं योग, सांख्य, सत्य, ऋत (मधुर भाषण), तेज, श्री, कीर्ति और दम (इंद्रिय-निग्रह) आदि सभी के लिए परम गति—परम अनुष्ठान हूँ।

मैं समस्त गुणों से रहित हूँ और किसी की भी उपेक्षा नहीं करता; फिर भी साम्य, असंगता आदि सभी गुण मेरा ही सेवन करते हैं और मुझमें ही

प्रतिष्ठित हैं; क्योंकि मैं सभी का हितैषी, सुहृद, प्रियतम और आत्मा हूँ। सच पूछो तो उन्हें गुण कहना भी ठीक नहीं है, क्योंकि वे सत्त्व आदि गुणों के परिणाम नहीं हैं, नित्य हैं।

—श्रीमद्भागवत महापुराण, एकादश स्कंध,
अध्याय-13, श्लोक-38 से 40 तक

भिन्न-भिन्न प्रकार के वचनों को सुनने से विचलित हुई तुम्हारी बुद्धि जब परमात्मा में अचल और स्थिर हो जाएगी तो तुम योग को प्राप्त हो जाओगे—अर्थात् तुम्हारा परमात्मा से नित्य संयोग हो जाएगा।

—श्रीमद्भगवद्गीता, अध्याय-2, श्लोक-53

वृत्तियाँ

ब्राह्मण वेदों के अध्ययन-अध्यापन से, क्षत्रिय पृथ्वी पालन से, वैश्य वार्त्ता वृत्ति से और शूद्र सेवा भाव से जीविका का निर्वाह करे।

—श्रीमद्भागवत महापुराण, दशम स्कंध,
अध्याय-24, श्लोक-20

जाग्रत्, स्वप्न और सुषुप्ति आदि तीनों अवस्थाएँ सत्त्व आदि गुणों के अनुसार होती हैं और बुद्धि की वृत्तियाँ हैं, सच्चिदानंद का स्वभाव नहीं। इन वृत्तियों का साक्षी होने के कारण जीव उनसे विलक्षण है। यह सिद्धांत श्रुति, युक्ति और अनुभूति से युक्त है। बुद्धि-वृत्तियों के द्वारा होनेवाला यह बंधन ही आत्मा में त्रिगुणमयी वृत्तियों का दान करता है। अतः तीनों अवस्थाओं में विलक्षण और उनमें अनुगत मुझ तुरीय तत्त्व में स्थित होकर इस बुद्धि के बंधन का परित्याग कर दे, तब विषय और चित्त दोनों का युगपत त्याग हो जाता है।

—श्रीमद्भागवत महापुराण, एकादश स्कंध,
अध्याय-13, श्लोक-27 से 28 तक

वास्तव में मन बड़ा बलवान् है। इसी ने विषयों, उनके कारण गुणों और उनसे संबंध रखनेवाली वृत्तियों का सृजन किया है। इन वृत्तियों के अनुसार ही सात्त्विक, राजसिक और तामसिक आदि कर्म होते हैं और कर्म के अनुसार ही जीव की गतियाँ होती हैं।

—श्रीमद्भागवत महापुराण, एकादश स्कंध, अध्याय-23, श्लोक-44

विषयासक्त पुरुष

मन और इंद्रियों को वशीभूत न कर पानेवाले पुरुष में निश्चयात्मिका बुद्धि नहीं होती है। इस प्रकार के विषयासक्त पुरुष के अंतःकरण में भावना भी नहीं होती है। भावनाहीन पुरुष को शांति नहीं मिलती और शांति-रहित पुरुष को सुख नहीं मिल सकता।

जल में चलनेवाली नाव को जिस प्रकार वायु हर लेती है, उसी प्रकार विषयों में विचरण करती हुई इंद्रियों में से मन जिस इंद्रिय के साथ रहता है, वह एक ही इंद्रिय इस विषयासक्त पुरुष की बुद्धि को हर लेती है।

—श्रीमद्भगवद्गीता, अध्याय-2, श्लोक-66 से 67 तक

मैं बहुत बड़ा धनी और परिवारवाला हूँ। मेरे समान अन्य कोई नहीं है। मैं यज्ञ करूँगा, दान करूँगा और आमोद-प्रमोद करूँगा—ऐसे अज्ञान से मोहित और अनेक प्रकार से भ्रमित चित्तवाले मोह रूपी जाल से घिरे हुए विषयाक्त आसुरी प्रवृत्ति के पुरुष नरक के भागी बनते हैं।

—श्रीमद्भगवद्गीता, अध्याय-16, श्लोक-15 से 16 तक

विवेक शक्ति

संसार में जो मनुष्य यह जगत् क्या है और इसमें क्या हो रहा है? जैसी बातों पर विचार करने में निपुण हैं, वे अपने मन में समाई हुई अशुभ वासनाओं

से अपने आपको स्वयं अपनी विवेक शक्ति से ही बचा लेते हैं।

—श्रीमद्भागवत महापुराण, एकादश स्कंध, अध्याय-7, श्लोक-19

वेद वाणी

समय के फेर से प्रलय के अवसर पर वेद वाणी लुप्त हो गई थी। जब सृष्टि-सृजन का समय आया तो मैंने अपने संकल्प से ही ब्रह्मा को इसका उपदेश दिया। इसमें मेरे भागवत धर्म का ही वर्णन है।

ब्रह्मा ने अपने ज्येष्ठ पुत्र स्वायंभुव मनु को वेद वाणी का उपदेश दिया। उनसे भृगु, अंगिरा, मरीचि, पुलह, अत्रि, पुलस्त्य और क्रतु—इन सात प्रजापति देवता महर्षियों ने ग्रहण किया। इन ब्रह्मर्षियों की संतान वेदना, दानव, गुह्यक, मनुष्य, सिद्ध, गंधर्व, विद्याधर, चारण, किंदेव, किन्नर, नाग, राक्षस और किंपुरुष आदि ने इसे अपने पूर्वज ब्रह्मर्षियों से प्राप्त किया। सभी जातियों और व्यक्तियों के स्वभाव—उनकी वासनाएँ सत्त्व, रज और तमोगुण के कारण भिन्न-भिन्न हैं। इसी कारण उनमें और उनकी बुद्धि-वृत्तियों में अनेक भेद हैं। अतः वे सभी अपनी-अपनी प्रकृति के अनुसार उस वेद वाणी का भिन्न-भिन्न अर्थ ग्रहण करते हैं। यह वाणी ही ऐसी अलौकिक है कि इससे विभिन्न अर्थ निकलना संभव है।

स्वभाव और परंपरागत उपदेश के भेद से मनुष्यों की बुद्धि में भिन्नता आ जाती है। कुछ लोग तो बिना किसी विचार के वेद विरुद्ध पाखंड के मतावलंबी हो जाते हैं।

सभी की बुद्धि मेरी माया से मोहित हो रही है। इसी से वे अपने-अपने कर्म-संस्कार और अपनी-अपनी रुचि के अनुसार आत्म-कल्याण के साधन भी एक नहीं, बल्कि अनेक बताते हैं। पूर्व मीमांसक धर्म को, साहित्याचार्य यश को, काम-शास्त्री काम को, योगवेत्ता सत्य और शम-दम आदि को, दंडनीतिकार ऐश्वर्य को, त्यागी त्याग को और लोकायतिक भोग को ही

मनुष्य जीवन का स्वार्थ अर्थात् परम लाभ बताते हैं।

—श्रीमद्भागवत महापुराण, एकादश स्कंध, अध्याय-14, श्लोक-3 से 10 तक

वेद-विचार

वेद तीनों गुणों के समान कार्य रूपी समस्त भोगों एवं उनके साधनों का प्रतिपादन करनेवाले हैं। अत: उन भोगों और उनके साधनों में आसक्तिहीन, हर्ष व शोक आदि द्वंद्वों से रहित, नित्य वस्तु परमात्मा में स्थित योगक्षेम को न चाहनेवाला और स्वाधीन अंत:करणवाला हो।

सभी ओर से परिपूर्ण जलाशय के प्राप्त हो जाने पर छोटे जलाशय में मनुष्य का जितना प्रयोजन रहता है, ब्रह्म को तत्त्व से जाननेवाले ब्राह्मण का समस्त वेदों में उतना ही प्रयोजन रह जाता है।

—श्रीमद्भगवद्गीता, अध्याय-2, श्लोक-45 से 46 तक

वैराग्य

तुम्हारी बुद्धि जिस काल में मोह रूपी दलदल को भली प्रकार से पार कर जाएगी, उस समय सुने हुए और सुनने में आनेवाले इस लोक और परलोक से संबंधित भोगों से वैराग्य की प्राप्ति हो जाएगी।

—श्रीमद्भगवद्गीता, अध्याय-2, श्लोक-52

शत्रु और मित्र

स्वयं ही संसार-सागर से अपना उद्धार करना चाहिए और स्वयं को अधोगति में नहीं डालना चाहिए, क्योंकि मनुष्य स्वयं ही अपना शत्रु और स्वयं ही अपना मित्र है।

जिस मनुष्य ने इंद्रियों सहित अपना मन व शरीर वश में कर लिया है, वह स्वयं ही अपना मित्र है और जिसने इंद्रियों सहित अपना मन व शरीर

अपने वश में नहीं किया है, वह स्वयं ही अपना शत्रु है।

—श्रीमद्भगवद्गीता, अध्याय-6, श्लोक-5 से 6 तक

शोक

तुम शोक न करने योग्य मनुष्य के लिए शोक करते हो और विद्वानों की भाँति वचन कहते हो; परंतु जिन मनुष्यों के प्राण चले गए हैं, उनके लिए और जिनके प्राण नहीं गए हैं, उनके लिए भी विद्वान् लोग शोक नहीं करते।

—श्रीमद्भगवद्गीता, अध्याय-2, श्लोक-11

स्वर्ग की प्राप्ति

यदि यज्ञ आदि कर्म बिना किसी बाधा के पूर्ण हो जाएँ तो उनके द्वारा जो स्वर्ग आदि लोक प्राप्त होते हैं, इस प्राप्ति को इस प्रकार समझें—यज्ञकर्ता पुरुष यज्ञों के द्वारा देवताओं की आराधना करके स्वर्ग को प्राप्त करता है और वहाँ अपने पुण्य कर्मों के द्वारा उपार्जित दिव्य भोगों का देवताओं के समान भोग करता है।

यज्ञकर्ता के पुण्य फल के अनुसार उसे एक चमकदार विमान मिलता है और वह सुर-सुंदरियों के साथ विमान में सवार होकर विहार करता है। गंधर्व गण उसका गुणगान करते हैं और वह दूसरों का मन मोहित करता है। अपना विमान वह इच्छानुसार जहाँ चाहे, वहीं ले जाता है। विमान की घंटियाँ घनघनाते हुए सभी दिशाओं में गूँजती हैं। वह सुर-बालाओं के साथ देवताओं के विहार-स्थलों पर क्रीड़ाएँ करते हुए इतना मगन हो जाता है कि उसे इस बात का भी ज्ञान नहीं रहता कि शीघ्र ही उसके सभी पुण्य समाप्त हो जाएँगे और उसे स्वर्ग से बाहर कर दिया जाएगा। जब तक उसके पुण्य रहते हैं, वह स्वर्ग में आनंद मना सकता है; किंतु पुण्य क्षीण होते ही अनिच्छा के बाद भी उसे नीचे गिरना ही पड़ता है, क्योंकि यही काल की गति है।

—श्रीमद्भागवत महापुराण, एकादश स्कंध, अध्याय-10, श्लोक-22 से 26 तक

स्वभाव और व्यवहार

मनुष्य अपने स्वभाव (पूर्व संस्कारों) के अधीन है। वह उसी का अनुसरण करता है। यहाँ तक कि देवता, असुर और मनुष्य को लिये हुए यह सारा जगत् स्वभाव में ही स्थित है। प्राणी अपने कर्मों के अनुसार उत्तम व अधम शरीर को ग्रहण करता है और त्यागता रहता है। अपने कर्मों के अनुसार ही 'यह शत्रु है, यह मित्र है और यह उदासीन है', ऐसा व्यवहार करता है। कहाँ तक कहूँ—कर्म ही गुरु है और कर्म ही ईश्वर।

—श्रीमद्‌भागवत महापुराण, दशम स्कंध, अध्याय-24, श्लोक-16 से 17 तक

स्थितप्रज्ञ

मनुष्य जिस काल में मन में स्थित संपूर्ण कामनाओं को भली प्रकार त्याग देता है और आत्मा से आत्मा में ही संतुष्ट रहता है, उस काल में वह स्थितप्रज्ञ कहलाता है।

—श्रीमद्‌भगवद्‌गीता, अध्याय-2, श्लोक-55

इंद्रियों के द्वारा विषयों को ग्रहण न करनेवाले पुरुष की भी केवल विषय-निवृत्ति हो जाते हैं, परंतु उनमें रहनेवाली आसक्ति की निवृत्ति नहीं होती है। इस स्थितप्रज्ञ मनुष्य की आसक्ति भी परमात्मा का साक्षात्कार करके निवृत्त हो जाती है।

—श्रीमद्‌भगवद्‌गीता, अध्याय-2, श्लोक-59

स्थिर बुद्धि

दुःख होने पर जिसके मन में उद्वेग नहीं होता, सुख मिलने पर जो सर्वथा निस्पृह रहता है और जिसके राग, भय एवं क्रोध नष्ट हो गए हैं, ऐसा मनुष्य स्थिर बुद्धि कहलाता है।

जो मनुष्य सर्वत्र स्नेह-रहित होकर शुभ या अशुभ वस्तु को प्राप्त करने के बाद भी न प्रसन्नता व्यक्त करता है और न द्वेष करता है, वह स्थिर बुद्धि होता है।

कछुआ सभी ओर से अपने अंगों को जिस प्रकार समेट लेता है, उसी प्रकार जब मनुष्य इंद्रियों के विषय में इंद्रियों को सब प्रकार से हटा लेता है, तब उसकी बुद्धि स्थिर होती है, ऐसा समझना चाहिए।

—श्रीमद्‌भगवद्‌गीता, अध्याय-2, श्लोक-56 से 58 तक

आसक्ति का नाश न होने के कारण प्रमथन स्वभाववाली इंद्रियाँ यत्न करते हुए बुद्धिमान पुरुष के मन को भी बलपूर्वक हर लेती हैं। अत: साधक को चाहिए कि वह उन समस्त इंद्रियों को वशीभूत करके और समाहित चित्त के साथ मेरे परायण होकर ध्यान लगाकर बैठे। जिस साधक की इंद्रियाँ वश में होती हैं, वास्तव में वही स्थिर बुद्धि होता है।

—श्रीमद्‌भगवद्‌गीता, अध्याय-2 श्लोक-60 से 61 तक

जो पुरुष अपनी इंद्रियों को इंद्रियों के विषयों से निग्रह कर लेता है, वह स्थिर बुद्धि कहलाता है।

—श्रीमद्‌भगवद्‌गीता, अध्याय-2, श्लोक-68

सत्संग

जगत् में जितनी आसक्तियाँ हैं, उन्हें सत्संग नष्ट कर देता है। मुझे सत्संग जिस प्रकार वश में कर लेता है, उस प्रकार का साधन न योग है, न सांख्य, न धर्म-पालन और न स्वाध्याय है। तप, त्याग, इष्टापूर्त और दक्षिणा से भी मैं उस तरह से प्रसन्न नहीं होता। यहाँ तक कि व्रत, यज्ञ, वेद, तीर्थ और यम-नियम भी मुझे सत्संग के समान वश में करने का सामर्थ्य नहीं रखते।

एक युग की ही नहीं, बल्कि सभी युगों की एक समान बात है। सत्संग

के द्वारा ही दैत्य-राक्षस, पशु-पक्षी, गंधर्व-अप्सरा, नाम-सिद्ध, चारण-गुह्यक और विद्याधरों को मेरी प्राप्ति हुई है। मनुष्यों के वैश्य, शूद्र, स्त्री और अंत्यज आदि रजोगुण-तपोगुण से संपन्न प्रकृति के बहुत से जीवों ने मेरा परम पद प्राप्त किया है।

वृत्रासुर, प्रह्लाद, वृषपर्वा, बलि, बाणासुर, मय दानव, विभीषण, सुग्रीव, हनुमान, जामवंत, गजेंद्र, जटायु, तुलाधार वैश्य, धर्मव्याध, कुब्जा, ब्रज की गोपियाँ, यज्ञ-पत्नियाँ और अन्य लोग भी सत्संग के प्रभाव से ही मुझे प्राप्त कर सके हैं।

इन लोगों ने न तो वेदों का स्वाध्याय किया था और न ही विधि-विधान से महापुरुषों का पूजन-अर्चन किया था। इसके अलावा इन्होंने कृच्छ्र चांद्रायण आदि व्रत और कोई तप आदि भी नहीं किया था। केवल सत्संग के प्रभाव से ही ये लोग मुझे प्राप्त करने में सफल रहे।

गोपियाँ, गायें, यमलार्जुन आदि वृक्ष, ब्रज के हिरण आदि पशु, कालिय नाग आदि—ये सभी साधन साध्य के संबंध में पूर्णतया मूढ़ बुद्धि थे। यही नहीं, बल्कि इस प्रकार के बहुत से प्राणी हुए हैं, जो केवल प्रेमपूर्ण भाव के द्वारा ही अनायास मेरी प्राप्ति करके कृतकृत्य हो गए। बड़े-बड़े प्रयत्नशील साधक योग, सांख्य, दान, व्रत, तप, यज्ञ, श्रुतियों की व्याख्या, स्वाध्याय और संन्यास आदि साधनों के द्वारा भी मुझे प्राप्त नहीं कर सकते; परंतु सत्संग के द्वारा मैं सरलता से प्राप्त हो जाता हूँ।

—***श्रीमद्भागवत महापुराण, एकादश स्कंध,***
अध्याय-12, श्लोक-1 से 9 तक

साधक

साधक को चाहिए कि वह आसन और प्राणवायु पर विजय प्राप्त कर अपनी शक्ति और समय के अनुसार बड़ी सावधानी से धीरे-धीरे मुझमें अपना चित्त लगाए। इस प्रकार अभ्यास करते समय अपनी असफलता देखकर तनिक भी असहज न हो, बल्कि और अधिक उत्साह से उसमें जुट जाए।

मेरे शिष्य सनकादि परमर्षियों ने योग का यही स्वरूप बताया है कि साधक अपने मन को सभी ओर से खींचकर विराट् आदि में नहीं, बल्कि साक्षात् मुझमें ही पूर्ण रूप से लगा दे।

—श्रीमद्भागवत महापुराण, एकादश स्कंध, अध्याय-13, श्लोक-13 से 14 तक

संशय

विवेक और श्रद्धा भाव से रहित संशय से युक्त मनुष्य अवश्य ही परमार्थ के पथ से भ्रष्ट हो जाता है। इस प्रकार के संशय-युक्त मनुष्य के लिए न यह लोक है, न परलोक है और न ही सुख है।

जिस मनुष्य ने कर्मयोग की विधि से अपने समस्त कर्म परमात्मा को अर्पित कर दिए हैं और जिसने विवेक द्वारा समस्त संशयों का विनाश कर दिया है—इस प्रकार अपने वश में किए हुए अंत:करणवाले मनुष्य को कर्म कदापि नहीं बाँधते हैं।

हे अर्जुन! हृदय में स्थित इस अज्ञान-जनित अपने संशय का विवेक, ज्ञान रूपी तलवार द्वारा छेदन करके तू समत्व रूपी कर्मयोग में स्थित हो जा और धर्मयुद्ध के लिए खड़ा हो जा।

—श्रीमद्भगवद्गीता, अध्याय-4, श्लोक-40 से 42 तक

मेरे बताए हुए भक्तियोग के द्वारा निरंतर मेरा भजन करने से मैं उस साधक के हृदय में आकर बैठ जाता हूँ। मेरे विराजमान होते ही उसके हृदय की सारी वासनाएँ अपने संस्कारों के साथ नष्ट हो जाती हैं। जब उस मेरे प्रिय साधक का मुझ सर्वात्मा का साक्षात्कार हो जाता है, तब उसके हृदय की गाँठ टूट जाती है, उसके समस्त संशय छिन्न-भिन्न हो जाते हैं और कर्म-वासनाएँ सर्वथा क्षीण हो जाती हैं।

—श्रीमद्भागवत महापुराण, एकादश स्कंध, अध्याय-20, श्लोक-23 से 30 तक

सफलता

संसार में असफलता तो बार-बार होती ही है। उससे निराश नहीं होना चाहिए। बार-बार प्रयत्न करने से सफलता मिल ही जाती है।

—श्रीमद्भागवत महापुराण, दशम स्कंध, अध्याय-23, श्लोक-13

सब नाशवान् है

इस जगत् में जो कुछ मन से सोचा जाता है, वाणी से कहा जाता है, नेत्रों से देखा जाता है और श्रवण आदि इंद्रियों से अनुभव किया जाता है, वह सब नाशवान् है। सपने की तरह केवल मन का विलास है, इसीलिए मात्र माया ही है, मिथ्या है—ऐसा जान लो।

—श्रीमद्भागवत महापुराण, एकादश स्कंध,
अध्याय-7, श्लोक-7

समस्त धर्मों का उद्देश्य–मेरी प्राप्ति

मनुष्य को चाहिए कि वह इस बात को भली प्रकार से समझे कि स्वप्न में दिखाई पड़नेवाले पदार्थों के समान ही जाग्रत् अवस्था में इंद्रियों के विषय भी प्रतीत हो रहे हैं, वे मिथ्या हैं। इसी कारण उन विषयों का चिंतन करनेवाले मन और इंद्रियों को रोक ले, जैसे सोकर उठा हो, उसी प्रकार जगत् के स्वाप्निक विषयों का त्याग कर मेरा साक्षात्कार करे।

सभी नदियाँ घूम-फिरकर जिस प्रकार समुद्र में पहुँचती हैं, उसी प्रकार मनस्वी पुरुषों का वेदाभ्यास, योग-साधना, आत्मानात्म-विवेक, त्याग, तप, इंद्रिय-संयम और सत्य आदि सभी धर्म मेरी प्राप्ति में ही समाप्त होते हैं। सभी का सच्चा फल मेरा साक्षात्कार है, क्योंकि वे सभी मन को निरुद्ध करके मेरे पास पहुँचते हैं।

—श्रीमद्भागवत महापुराण, दशम स्कंध,
अध्याय-47, श्लोक-32 से 33 तक

समबुद्धि

समत्व रूपी बुद्धियोग से सकाम कर्म अत्यंत ही निम्न श्रेणी का है, अतः समबुद्धि में ही रक्षा का उपाय ढूँढ़ना चाहिए—अर्थात् बुद्धियोग का ही आश्रय लेना चाहिए, क्योंकि फल की इच्छा रखनेवाले अत्यंत दीन होते हैं।

समबुद्धि से युक्त मनुष्य पुण्य और पाप दोनों को इसी लोक में त्याग देता है। अतः समत्व रूपी योग में लग जाना चाहिए। यह समत्व रूपी योग ही कर्मों में कुशलता है, अर्थात् कर्म-बंधन से मुक्ति का उपाय है।

समबुद्धि से युक्त ज्ञानी जन कर्मों से उत्पन्न होनेवाले फल को त्याग देते हैं और जन्म रूपी बंधन से मुक्त होकर निर्विकार भाव से परम पद को प्राप्त करते हैं।

—श्रीमद्भगवद्गीता, अध्याय-2, श्लोक-49 से 51 तक

समदर्शी-समभाव

ज्ञानी पुरुष विद्या और विनय से युक्त ब्राह्मण में और गाय, हाथी, कुत्ते तथा चांडाल में भी समदर्शी एवं समभाव रखते हैं।

जिन पुरुषों का मन समभाव में स्थित है, उन्होंने मानो जीवित अवस्था में संपूर्ण संसार जीत लिया है। परमात्मा निर्दोष और सम है, इससे वे भी निश्चय ही परमात्मा में ही स्थित हैं।

—श्रीमद्भगवद्गीता, अध्याय-5, श्लोक-18 से 19 तक

संतों की रक्षा : मेरा व्रत

हमने इंद्र का यज्ञ भंग कर दिया है, इसी कारण वे ब्रज का नाश करने के लिए बिना ऋतु के ही प्रचंड वायु और ओलों के साथ घनघोर वर्षा कर रहे हैं। मैं अपनी योगमाया से इसका भली प्रकार उत्तर दूँगा। वे स्वयं को मूर्खतावश लोकपाल मानते हैं। उनका ऐश्वर्य, धन का घमंड और अज्ञान मैं चूर-चूर कर दूँगा। देवता सत्त्व-प्रधान होते हैं। उनमें अपने ऐश्वर्य और पद

का अभिमान नहीं होना चाहिए। अतः यह सर्वथा उचित है कि इन सत्त्व गुणों से हीन देवताओं का मैं अहंकार चूर-चूर कर दूँ। इससे अंत में उन्हें शांति ही मिलेगी।

यह सारा ब्रज मेरे आश्रित है, मेरे द्वारा स्वीकृत है और मैं ही इसका एकमात्र रक्षक हूँ। अतः अपनी योगमाया से मैं इसकी रक्षा करूँगा। संतों की रक्षा करना मेरा व्रत है। अब उसके पालन का अवसर आ पहुँचा है।

—श्रीमद्भागवत महापुराण, दशम स्कंध,
अध्याय-25, श्लोक-15 से 18 तक

संतों-ज्ञानीजनों की महत्ता

केवल जलमय तीर्थ ही तीर्थ नहीं कहलाते और केवल मिट्टी या प्रस्तर प्रतिमाएँ ही देवता नहीं होतीं, बल्कि संत पुरुष ही वास्तव में तीर्थ और देवता होते हैं। तीर्थ और देवता की लंबे समय तक सेवा-आराधना की जाए, तभी वे पवित्र करते हैं। जबकि संत पुरुष दर्शन मात्र से ही कृतार्थ कर देते हैं।

सूर्य, चंद्रमा, नक्षत्र, पृथ्वी, जल, अग्नि, आकाश, वायु, वाणी और मन के अधिष्ठाता देवता की उपासना करने पर भी पाप का समूल नाश नहीं होता, बल्कि वह और बढ़ती है। इसके विपरीत, यदि घड़ी भर भी संतों-ज्ञानीजनों की सेवा की जाए तो सभी पाप-ताप नष्ट हो जाते हैं, क्योंकि वे भेद-बुद्धि का नाश कर देते हैं।

जो मनुष्य वात, पित्त और कफ—इन तीन धातुओं से निर्मित शव तुल्य शरीर को ही आत्मा—अपना मैं, स्त्री-पुत्र आदि को ही अपना और मिट्टी, पाषाण, काष्ठ आदि पार्थिव विकारों को ही इष्टदेव मानता है तथा जो संतों-ज्ञानीजनों की बजाय केवल जल को ही तीर्थ मानता है, वह मनुष्य होते हुए भी पशुओं में निम्नतम पशु 'गधा' है।

—श्रीमद्भागवत महापुराण, दशम स्कंध,
अध्याय-84, श्लोक-11 से 13 तक

देवता, पुण्यक्षेत्र और तीर्थ आदि दर्शन, स्पर्श और पूजन-अर्चन आदि के द्वारा धीरे-धीरे बहुत दिनों में पवित्र करते हैं। यही नहीं, बल्कि देवता आदि में पवित्र करने की जो शक्ति है, वह भी उन्हें संतों की दृष्टि से ही प्राप्त होती है।

—श्रीमद्भागवत महापुराण, दशम स्कंध, अध्याय-87, श्लोक-52

सुख-दुःख की विवेचना

जो मनुष्य भली प्रकार कर्म करना जानते हैं, वे सुखी रहते हैं और जो नहीं जानते उन्हें दुःख उठाना पड़ता है—यह कहना सर्वथा उचित नहीं है। देखने में आता है कि कार्य-कुशल विद्वानों को सुख नहीं मिल पाता और मूर्ख व्यक्ति को दुःख से कभी सामना नहीं करना पड़ता। अतः जो लोग अपनी बुद्धि या कर्म से सुख प्राप्त करने का अभिमान करते हैं, वह सर्वथा निरर्थक है।

यदि मान लिया जाए कि जो लोग सुख पाने और दुःख का शमन करने के उपाय जानते हैं तो फिर भी यह मानना पड़ेगा कि उन्हें भी उस उपाय का नहीं पता, जिससे वे मृत्यु के प्रभाव से बच सकें और कभी मृत्यु को प्राप्त न हों। जब मृत्यु सिर पर सवार हो तो कौन सी भोग सामग्री है, जिससे वे सुखी रह सकें। वध करने के लिए वध-स्थल की ओर ले जाए जा रहे मनुष्य को फूल, चंदन और स्त्री आदि से कदापि सुख नहीं मिल सकता।

लौकिक सुख के समान ही पारलौकिक सुख भी दोष-युक्त है। वहाँ भी बराबरीवालों में प्रतिस्पर्धा होती है, अधिक सुख का भोग करनेवालों में ईर्ष्या भाव होता है। उनके गुणों में वहाँ दोष निकाला जाता है और छोटों से घृणा की जाती है। प्रतिदिन पुण्य क्षीण होने के साथ ही धीरे-धीरे वहाँ के सुख भी नष्ट हो जाते हैं। वहाँ की कामना पूर्ण होने में यजमान, ऋत्विज और कर्म आदि की त्रुटियों के कारण बड़ी-बड़ी बाधाओं की संभावना बनी रहती है। जिस प्रकार लहलहाती फसल भी अतिवृष्टि-अनावृष्टि के कारण नष्ट

हो जाती है, उसी प्रकार स्वर्ग भी प्राप्त होते-होते विघ्न-बाधाओं के कारण नहीं मिल पाता।

—श्रीमद्भागवत महापुराण, एकादश स्कंध, अध्याय-10, श्लोक-18 से 21 तक

ज्ञान

तुम्हें ज्ञान को तत्त्वदर्शी ज्ञानियों के पास जाकर समझना चाहिए। उन्हें भली प्रकार दंडवत् प्रणाम करने, उनकी सेवा करने और कपट त्यागकर सरलतापूर्वक प्रश्न करने से वे परमात्म तत्त्व को भली प्रकार जाननेवाले ज्ञानी तुम्हें उस तत्त्वज्ञान का उपदेश देंगे।

जिस ज्ञान को जानकर तुम मोह को प्राप्त नहीं होगे और जिसके द्वारा तुम संपूर्ण भूतों को नि:शेष भाव से पहले अपने में और फिर मुझ सच्चिदानंद घन परमात्मा में देखोगे।

यदि तुम अन्य सभी प्राणियों से भी अधिक पाप करनेवाले हो तो फिर भी ज्ञान रूपी नौका द्वारा निस्संदेह संपूर्ण पाप समुद्र से भली प्रकार पार हो जाओगे।

प्रज्वलित अग्नि जिस प्रकार ईंधन को भस्म कर देती है, उसी प्रकार ज्ञान रूपी अग्नि संपूर्ण कर्मों को भस्म कर देती है।

निस्संदेह इस संसार में ज्ञान के समान पवित्र करनेवाला कुछ भी नहीं है। लंबे समय से कर्मयोग के द्वारा अंत:करण से शुद्ध हुआ मनुष्य ज्ञान को स्वत: ही आत्मा में प्राप्त कर लेता है।

जितेंद्रिय, साधन-परायण और श्रद्धावान् मनुष्य ज्ञान को प्राप्त कर लेता है। ज्ञान को प्राप्त करके वह अविलंब ही भगवत्-प्राप्ति रूपी परम शांति को प्राप्त कर लेता है।

—श्रीमद्भगवद्गीता, अध्याय-4, श्लोक-34 से 39 तक

सर्वव्यापी परमेश्वर न तो किसी के पाप कर्म को और न ही किसी के

शुभ कर्म को ग्रहण करता है। वास्तव में ज्ञान अज्ञान के आवरण से ढँका हुआ है, इसी कारण अज्ञानी मनुष्य मोहित हो रहे हैं।

जिन मनुष्यों का अज्ञान परमात्मा के तत्त्वज्ञान द्वारा नष्ट कर दिया गया है, उनका ज्ञान सूर्य के समान उस सच्चिदानंद घन परमात्मा को प्रकाशित कर देता है।

जिन मनुष्यों का मन तद्रूप (परमात्मा के स्वरूप में निश्चल) हो रहा है, जिनकी बुद्धि तद्रूप हो रही है और सच्चिदानंद घन परमात्मा में ही जिनकी निरंतर निश्चल भाव से स्थित है, वे ज्ञान के द्वारा पाप-रहित होकर अपुनरावृत्ति अर्थात् जन्म-मरण से मुक्ति (मोक्ष) को प्राप्त करते हैं।

—श्रीमद्भगवद्गीता, अध्याय-5, श्लोक-15 से 17 तक

ज्ञानी एवं अज्ञानी पुरुष

ज्ञानी पुरुष मुक्त होता है। स्वप्न भंग होने पर जिस प्रकार जाग्रत् पुरुष स्वप्न के स्पर्यमाण से कोई संबंध नहीं रखता, उसी प्रकार ज्ञानी पुरुष सूक्ष्म और स्थूल शरीर के रहने पर भी उनसे किसी प्रकार का संबंध नहीं रखता। इसके विपरीत, अज्ञानी पुरुष वास्तव में शरीर से कोई संबंध न रहने पर भी उसी प्रकार अज्ञान के कारण शरीर में स्थिर रहता है, जिस प्रकार स्वप्न देखनेवाला पुरुष स्वाप्निक शरीर में बँध जाता है।

व्यवहार आदि में इंद्रियाँ शब्द, स्पर्श आदि विषयों को ग्रहण करती हैं। नियमतः गुण ही गुण को ग्रहण करते हैं, आत्मा नहीं। अतः जिसने अपने निर्विकार आत्म स्वरूप को समझ लिया, वह उन विषयों के ग्रहण करने और त्यागने में किसी प्रकार का अभिमान नहीं करता।

शरीर प्रारब्ध के अधीन होता है। इससे शारीरिक-मानसिक जितने भी कर्म होते हैं, सभी गुणों की प्रेरणा से होते हैं। अज्ञानी पुरुष निरर्थक ही स्वयं को ग्रहण-त्याग आदि कर्मों का कर्ता मानकर अभिमान के कारण बँध जाता है।

ज्ञानी पुरुष सभी विषयों में विरक्त रहता है। वह सोने, बैठने, घूमने-

फिरने, नहाने, देखने, सूँघने, छूने, खाने और सुनने आदि क्रियाओं में स्वयं को कर्ता नहीं मानता, बल्कि गुणों को कर्ता मानता है। गुण ही सभी कर्मों के कर्ता-भोक्ता हैं—इस प्रकार जानकर ज्ञानी पुरुष कर्म-वासना और फलों से नहीं बँधते। वे प्रकृति में रहते हुए भी उसी प्रकार असंग रहते हैं, जिस प्रकार स्पर्श आदि से आकाश, जल की आर्द्रता आदि से सूर्य और गंध आदि से वायु। उनकी विमल बुद्धि की तलवार असंग भावना की सान से और भी तेज हो जाती है। वे उससे अपने सभी संशय-संदेहों को काटकर फेंक देते हैं। कोई पुरुष जिस प्रकार स्वप्नावस्था में जाग्रतावस्था में आया हो, उसी प्रकार वे इस भेद बुद्धि के भ्रम से बाहर हो जाते हैं।

—श्रीमद्भागवत महापुराण, एकादश स्कंध,
अध्याय-11, श्लोक-8 से 13 तक

माया के द्वारा जिनका ज्ञान हरण हो चुका है, ऐसे आसुरी स्वभाव को धारण किए हुए मनुष्यों में नीच और दूषित कर्म करनेवाले मूढ़ लोग मेरा भजन नहीं करते हैं।

उत्तम कर्म करनेवाले अर्थार्थी, आर्त, जिज्ञासु और ज्ञानी आदि चार प्रकार के भक्त मेरा भजन करते हैं। इनमें से मुझमें नित्य एकी भाव से स्थित अनन्य प्रेम-भक्तिवाला ज्ञानी पुरुष अत्युत्तम है, क्योंकि मुझे तत्त्व से जाननेवाले ज्ञानी को मैं अत्यंत प्रिय हूँ और वह ज्ञानी पुरुष भी मुझे अत्यंत प्रिय है।

मेरे सभी भक्त उदार हैं, परंतु ज्ञानी साक्षात् मेरा ही स्वरूप है—ऐसा मेरा मत है; क्योंकि मद्गत मन-बुद्धिवाला ज्ञानी भक्त अत्युत्तम गति स्वरूप अच्छी प्रकार मुझमें ही स्थित है।

बहुत जन्मों के अंतिम जन्म में तत्त्वज्ञान को प्राप्त पुरुष सबकुछ वासुदेव ही है—वह महात्मा (ज्ञानी) जो मुझे इस प्रकार भजता है, वह अत्यंत दुर्लभ है।

—श्रीमद्भगवद्गीता, अध्याय-7, श्लोक-15 से 19 तक

अज्ञानी पुरुष मेरे अनुत्तम अविनाशी परम भाव को न जानते हुए मन और इंद्रियों से परे परब्रह्म परमात्मा को मनुष्य की भाँति जन्म लेकर व्यक्तिभाव को प्राप्त हुआ मानते हैं। अपनी योगमाया से छिपा हुआ मैं सबके प्रत्यक्ष नहीं होता हूँ। अतः अज्ञानी पुरुष मुझ जन्म-रहित अविनाशी परमेश्वर को नहीं जानते हैं।

—श्रीमद्भगवद्गीता, अध्याय-7, श्लोक-24 से 25

□□□